FAHRER · TEAMS · BOLIDEN UND LEGENDEN

DIE FORMEL 1 SPRICHT DEUTSCH

RAINER W. SCHLEGELMILCH · RALF BACH

SPORT VERLAG BERLIN

Idee und Konzeption: DF-Momentum S.a.r.l.
Fotografie und Layout: Rainer W. Schlegelmilch, Frankfurt
Text: Ralf Bach, Backnang
Umschlaggestaltung: Volkmar Schwengle, Buch und Werbung, Berlin
Produktion und Koordination: Stefano Luzzatto, Frankfurt
Schlussredaktion: Harro Schweizer, Berlin
Druck: Druckhaus Neppe, Hainburg

ISBN 3-328-00953-1

Alle Fotos: Rainer W. Schlegelmilch,
ausgenommen die Fotos auf den Seiten 18 und 138 oben (Mercedes-Benz)
und den Seiten 20 und 21 (Trips-Stiftung)

Inhalt

50 Jahre Formel 1

Als am 13. Mai 1950 der Italiener Giuseppe Farina mit seinem Alfa Romeo das erste Formel-1-Rennen gewann, ahnte noch niemand, dass die Horde von todesverachtenden Herrenfahrern mit Pullovern, Staubkappen und einem Päckchen Zigaretten im Overall 50 Jahre

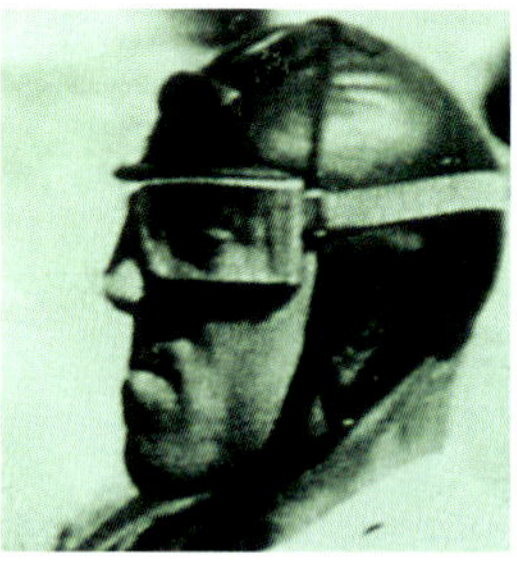
Tazio Nuvolari, 30-er Jahre

GP Belgien 1962, Fahrerbesprechung

später zu durchtrainierten Hochleistungssportlern mutieren würde, mit Gehältern in zweistelliger Millionenhöhe und eigener Marketing- und PR-Abteilung. Sie hatten sich aus der zweiten Generation der Rennfahrer weiterentwickelt, die – beeinflusst von den wilden

Jackie Stewart, 1966

Jochen Rindt, 1970

68-ern – zwar Beatles- und Playboyimage pflegten, aber im Gegensatz zu den politischen Zeitgenossen ihrer Generation eine Menge Geld verdienen wollten. Die Herrenfahrer wie Fangio, Moss, Ascari und Clark wurden von den Rindts, Stewarts, Hunts und Fittipaldis abgelöst.

Emerson Fittipaldi, 1975

James Hunt, 1977

Am Ende dieser Ära stand Niki Lauda, der als „Vater" der heutigen Rennfahrergeneration gilt. Auch ahnte 1950 noch niemand, dass die Formel 1 50 Jahre später vom Abenteuerspielplatz für jung gebliebene Erwachsene zum weltweit größten Sporterereignis geworden war, mit Sponsoren, Weltkonzernen und Umsätzen, die in dreistellige Millionen-Dollar-Bereiche gehen. Die interessante Gemeinsamkeit: Wie in den Fünfzigern kämpfen auch heute wieder Ferrari, Mercedes und Jaguar um den

Niki Lauda, 1984

Spa-Francorchamps gestern, die Eau-Rouge-Kurve 1963 ...

... und 2001

Sieg. Allerdings nicht mehr nur auf der Strecke: Der Kampf der Marketingstrategen wird in jedem Paddockclub und Fahrerlager sichtbar: Wohnmobile und Zelte, groß wie Einfamilienhäuser, stehen aneinander gereiht und dienen mit allem erdenklichen Luxus ausgestattet zur reinen Repräsentation.

Die wirtschaftliche Formel-1-Erfolgsstory hängt mit einem Mann zusammen, der aus einer Ansammlung von sportbegeisterten Garagisten eine Vereinigung machte: Bernie Ecclestone. 1949 kaufte sich Ecclestone einen 500-ccm-Cooper und fuhr mehr oder weniger erfolglos Autorennen. Als Berater und Freund des Deutsch-Österreichers Jochen Rindt kam er Mitte der sechziger Jahre in die Formel 1. Er übernahm den Brabham-Rennstall, organisierte schließlich als Vorsitzender der Konstrukteurs-Vereinigung die Formel 1 zu einem der medienträchtigsten Spektakel der Welt. Zudem ist Ecclestone heute noch Verantwortlicher für die Vermarktung bei der FIA, der weltweiten Automobilbehörde mit Sitz in Genf. Ohne ihn läuft im Motorsport nichts mehr.

Er zieht die Fäden. Sogar Wirtschaftsbosse und Monarchen lassen sich heute gerne mit ihm fotografieren, sein Gesamtvermögen wird auf 750 Millionen Mark geschätzt. Sein letztes großes Ziel ist, die Formel 1 an die Börse zu bringen.

Bernie stellt Senna südafrikanischem Minister vor

GP Belgien 1998, Bernie und Sylvester Stallone

B. Ecclestone mit McLaren-Teamchef Mayer, 1980

GP Luxembourg (Nürburgring) 1997, v.l.n.r.: Max Mosley, Ecclestone, Kohl und der Präsident des ADAC

Bernie und Piquet, WM-Titel 1981 und 83

GP Spanien 2001, mit Juan Carlos

GP Spanien 2001, mit Niki Lauda

Vor 50 Jahren war man weit davon entfernt. Damals ging es eher ums Überleben. Syd Watkins, verantwortlicher Formel-1-Arzt und seit Mitte der sechziger Jahre im

GP Spanien 1989, Senna, Watkins und Oliver

Geschäft, sah noch Freunde in ihren Autos sterben. Jim Clark, Jochen Rindt, Ronnie Peterson. Sie knallten – nur von dünnem Blech umgeben – in irgendwelche Wände, keine Knautschzone absor-

GP Belgien 1968, Fahrer Oliver blieb unverletzt

bierte Energie, keine Benzinleitung stoppte damals den Spritzufluss. Meistens kam bei einem schweren Unfall jede Hilfe zu spät. „Früher war Formel-1-Fahren wie das Jonglieren mit einer Handgranate, du

John Surtees 1964

wusstest nie, ob das Ding losgeht", sagt der Weltmeister von 1964, John Surtees. Surtees fährt heute noch manchmal der Schreck in die Glieder, wenn er alte Filme mit sich selbst im Rennwagen sieht. Driftend durch den „Pflanzgarten" auf der Nürburgring-Nordschleife, rechts Graben, links Bäume,

GP Deutschland (Nürburgring) 1967, Jackie Oliver

Nordschleife, Brünnchen 1969

der Kopf ragte oft über den Überrollbügel hinaus. Die Autos sahen nicht nur so aus wie rollende Särge, sie waren es auch. „Wir waren irgendwo wahnsinnig", lächelt Surtees erleichtert, weil er diese Zeit relativ schadlos überstanden hat.

John Surtees 1999

Zahlen sprechen eindeutig für die ständig verbesserte Sicherheit der Formel-1-Autos. Bis 1987 starben 22 Grand-Prix-Piloten in ihren Rennwagen. Der Italiener Elio de Angelis war der letzte bei Test-

Elio de Angelis

fahrten in Südfrankreich. Danach gab es „nur" noch zwei Tote. Es ereigneten sich zwar immer wieder schwere Unfälle, die aber meistens glimpflich ausgingen. Bis 1994 galt die Formel 1 als sicher. Bis Roland Ratzenberger und Ayrton Senna in Imola den Tod fanden. „Auch wenn das Monocoque rela-

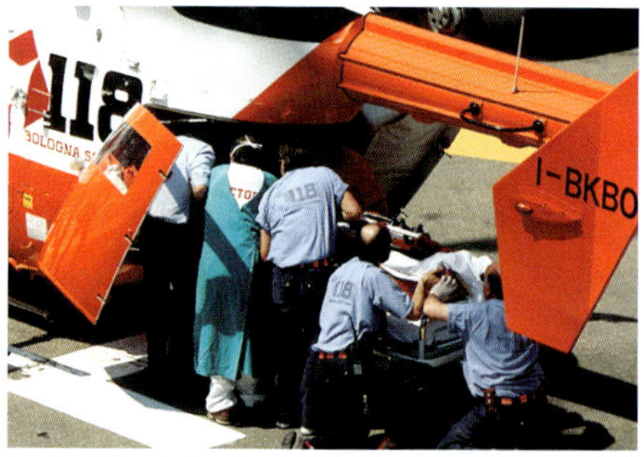

Imola 1994, Roland Ratzenberger im Helikopter

Imola 1994, das Wrack des Senna-Williams

tiv unbeschädigt war", erzählt Watkins, „der Körper kann bei einem Unfall nur eine bestimmte Energie absorbieren. Ihm sind immer Grenzen gesetzt."

Die Formel 1 brachte Mythen und Legenden hervor. Und da die Lebenden oft erst nach ihrem Tod zu Heroen werden, sind es hauptsächlich die Toten, an die man sich erinnert:

Ayrton Senna

Wolfgang Berghe von Trips, Alberto Ascari, Jim Clark, Jochen Rindt und Ayrton Senna wurden auf ein Podest gestellt, auf dem sie frieren würden, wären sie noch am Leben.

Senna-Statue in Imola

Und da ist es kein Wunder, dass Niki Lauda weltweit der bekannteste Rennfahrer ist, hatte er doch durch seinen fürchterlichen Feuerunfall auf dem Nürburgring jene Kluft zwischen Leben und Tod überbrückt, in der Legenden geboren werden. Es gibt kaum jemanden, der mehr über die Formel 1 sagen kann – dient er doch auch vom Alter her als Brücke für die Zeiten.

Niki Lauda

Lauda, Verona Feldbusch und Reporterin Stracke

„Die Zeiten von Fangio bis Häkkinen sind nicht vergleichbar", sagt Niki Lauda, „damals durften die Fahrer beispielsweise noch im Rennen die Autos wechseln."
Der charismatischste Typ sei auf

GP Monaco 1984, Ayrton Senna auf Toleman

jeden Fall Ayrton Senna gewesen, meint Lauda. „Er war eine lange Zeit an der Spitze und gab dafür alles. Ich selbst weiß, wie schwierig das ist, wieviel unmenschliche Energie das kostet. Senna war immer der Beste – mit Turbo- und mit Saugmotoren. In jeder technischen Epoche seiner Zeit also." Auch das Risiko heute sei nicht mehr vergleichbar mit dem von damals.

Monza 1979, Ferrari-Alu-Chassis von Villeneuve

Lauda: „Zu meiner Zeit saßen wir in Aluminiumautos, wo uns die Tanks um die Ohren geflogen sind, bei geringen Crashs hat man sich schon gleich die Füße gebrochen. Ich wusste vorher, dass mindestens einer pro Saison tödlich verunglücken würde. Das war ein Fakt,

Imola 1984, McLaren-Karbon-Chassis von Lauda

damit musste ich klarkommen. Was die Karbonfiber-Autos von heute an Sicherheit produzieren, hat es noch nie gegeben. In Amerika würde ich wahrscheinlich meine Mutter verklagen können, dass sie mich zu früh auf die Welt gebracht hat."

Die Fahrer heute hätten es andererseits viel schwerer. „Die charismatischen Persönlichkeiten, die auch die Großmutter hinter dem Herd hervorholen, werden immer seltener", sagt Lauda, „man muss erreichen, dass Leute, die im Prinzip kein Interesse an der Formel 1 haben, zuschauen. Da braucht man also den Rennfahrer, der mit seinen blauen Augen auch die Großmutter motiviert. Das geht heute aber nicht mehr: Die Manager beten den Fahrern heute doch alles vor, und die quasseln alles nur noch nach. Ich brauchte nur einen Steuerberater und einen Anwalt – und die konntest du überall kaufen. Den Rest habe ich selbst gemacht, weil für mich der direkte Kontakt wichtig war." Dennoch, betont Lauda, sei das Grundprinzip der Formel 1 seit 50 Jahren gleich geblieben: „Es fahren 22 Autos und einer muss gewinnen. Nur: Durch die Entwicklung mit den Fernsehrechten haben sich die Einnahmen verhundertfacht. Das gibt andere Probleme. Mehr Leute, mehr Sponsoren und so weiter ..."

Die Bedeutung der Formel 1

Es passiert nur ganz selten, dass ein Wunsch von Formel-1-Impressario Bernie Ecclestone nicht in Erfüllung geht. „Mein Traum ist es", visionierte „Mr. E", wie er von seinen Lakaien im Fahrerlager voller Respekt genannt wird, „dass eines Tages Mercedes gegen BMW, Jaguar und andere Firmen gegeneinander fahren und nicht mehr nur als Motorenhersteller agieren." Heute ist Ecclestones Vision von 1994 längst von der Realität überholt. Die Firmen drängen in die Formel 1 wie nie zuvor und sorgen nicht nur

Hubbert und Ecclestone

GP Spanien 2001

mehr mit purer Motorkraft für den richtigen Schub, sondern treiben ihre Partner-Rennställe mit dreistelligen Dollar-Millionenbeträgen voran. DaimlerChrysler hat 40 Prozent-Anteile vom Elite-Rennstall McLaren erworben; Ford hat den dreifachen Formel-1-Weltmeister Jackie Stewart in Rente geschickt, nachdem der amerikanische Weltkonzern seinen Rennstall zu hundert Prozent übernommen hatte, und lässt die Autos jetzt unter dem Namen ihres Edel-Flaggschiffs Jaguar um die Wette fahren. Ferrari ist eine Tochter des Fiatkonzerns, Honda hat sich bei BAR engagiert und unterstützt zudem die irische Jordan-Truppe; BMW ist schon jetzt mehr als nur Motorenlieferant bei Williams; Renault hat sich Benetton einverleibt, noch 1995 mit dem Konstrukteurs-Pokal ausgezeichnet,

Dennis am Komandostand

Ex-Ford-Chef Nasser

Zwei dreifache Weltmeister: Lauda und Stewart

Fiat und Ferrari

GP Australien 2001, Frank Williams

und Toyota debütiert 2002 mit eigenem Auto und Motor in der Formel 1. Denn Formel 1 ist für die Konzerne längst mehr geworden als reiner sportlicher Wettbewerb und Abenteuer für deren Vorstände. „Es ist eine Imageerweiterung in Richtung Sportlichkeit und Jugendlichkeit", sagt DaimlerChrysler-Vorstand Jürgen Hubbert, „zudem macht es Sinn, sich die technischen Fähigkeiten der McLaren-Group zu sichern." Die Kalkulation der Topmanager ist recht simpel: Imageverbesserung bedeutet Mehrverkauf. „Wir wollen Jaguar von 50 000 verkauften Autos auf 200 000 Einheiten bringen", hofft Ford-Vorstand Wolfgang Reitzle,

Toyota-Chef Saito

Vorstände: Göschel (BMW) und Hubbert (Mercedes)

Jaguar, alias Ford

„da wird uns die Formel 1 Rückenwind verschaffen." Sogar unter der Prämisse, am Anfang Niederlagen einzufahren. „Für eine bestimmte Zeit wird man uns zubilligen, dass wir noch lernen müssen", philosophiert Reitzle, „McLaren-Mercedes hat beispielsweise drei Jahre gebraucht, bis sie auf dem Leistungsniveau waren, aus eigener Kraft gewinnen zu können. Und Ferrari hat über zwanzig Jahre gebraucht, um die Fahrerweltmeisterschaft wieder zu gewinnen. Daran erkennt man, wie schwierig es ist, in der Formel 1 an der Spitze zu sein. Das muss man sich bewusst machen, und deshalb sollte man erst mal bescheiden bleiben. Auf der anderen Seite treten wir natürlich an, um letztendlich zu gewinnen. Wichtig für uns ist, damit das Formel-1-Engagement überhaupt Sinn macht, dass wir wettbewerbsfähig sind. Wir müssen in der Lage sein, Rennen zu gewinnen. Über die Formel 1 wollen wir schließlich einen positiven Beitrag für das Unternehmen Jaguar ableiten. Deshalb werden wir die sportliche Herausforderung annehmen."
Wer in der Formel 1 Erfolg hat, ist

Wolfgang Reitzle, Jaguar/Ford

Montezemolo und Fiat-Chef Agnelli

meist am Markt auf dem Weg nach oben. Das wissen die Manager. „Siege in der Formel 1 sind ein wichtiger Wirtschaftsfaktor", sagt Brigitte Pfeiffer, die Geschäftsführerin des Deutschen Marketing-Verbandes in Düsseldorf. „BMW hat mit mit dem ersten Sieg in Imola 2001 im Konkurrenzkampf

GP San Marino 2001, 1. Sieg von BMW

der Automobil-Hersteller einen gewaltigen Sprung nach vorne getan", glaubt die Marketing-Fachfrau. Sportlicher Imagetransfer hieße das Zauberwort. Wer in der Formel 1 gewinnt, sei vorne. An 17 Rennwochenenden wird das Geschehen

Piquet im Brabham-BMW 1983

weltweit live übertragen. Der Absatz lässt sich mit Siegen steigern, das hat Mercedes durch sein Engagement und die Erfolge der „Silberpfeile" klar bewiesen. Deshalb erschien auch die erste Siegesanzeige von BMW in einer Reihe deutscher Tageszeitungen am Tag nach dem Osterwochenende im Wirtschaftsteil. „Die Formel 1 ist schließlich

GP Ungarn 2001

eine gigantische Marketingmaschine", erklärt Rudi Lamprecht, Mitglied des Vorstandes der

GP England (Silverstone) 2001

Siemens AG und zuständig für das Formel-1-Engagement des Konzerns. „Alle 14 Tage hat sie

Mika Häkkinen im McLaren-Mercedes

weltweit 330 Millionen Fernsehzuschauer. Das ist für uns eine Riesengeschichte, und wir wollen über die Formel 1 unseren Namen weltweit transportieren – besonders in Verbindung mit High-Tech. Wir haben mit der Formel 1 eine exzellente Kommunikationsplattform, über die sich sämtliche Attribute transportieren lassen, die für die Formel 1 gelten und die wir auch für uns in Anspruch nehmen: Globalität, Geschwindigkeit, Teamwork, perfektes Handling von Abläufen und natürlich Mobilität." „Der Sport findet nur noch in den 90 Minuten statt, in denen wir sonntags um die Wette fahren", beschreibt McLaren-Chef Ron Dennis den Status quo, „der Rest ist Business." Fast schon

Ron Dennis

wehmütig klingt seine Stimme, wie ein Hilferuf nach alten Zeiten. Als die Arbeitsteilung in der Formel 1 noch klar war. Das Grundkonzept entstammt den sechziger Jahren. In diesen Goldgräberzeiten flanschten findige Bastler ihren Konstruktionen Motoren von der Stange ans Heck. Lotus, McLaren, Brabham, March, Cooper hießen die Rennställe, die gemäß ihres Ursprungs noch heute Garagen-Teams genannt werden. Bernie Ecclestone organisierte diesen „Club von Männern, die übers Wochenende gerne reisen", und die Geschäftsgrundlage konnte bis in die neunziger Jahre konserviert werden: Die Rennställe bauten das Auto, dirigierten die Renneinsätze und missbrauchten selbst große Automobil-Konzerne als bloße Motorenlieferanten. Die Zeiten sind vorbei. Frank Williams, seit den siebziger Jahren fester Bestandteil der Königsklasse und Chef des erfolgreichsten Teams des vergangenen Jahrzehnts, spürt bereits den kalten Hauch des „unfriendly takeovers". Sein Motorenpartner

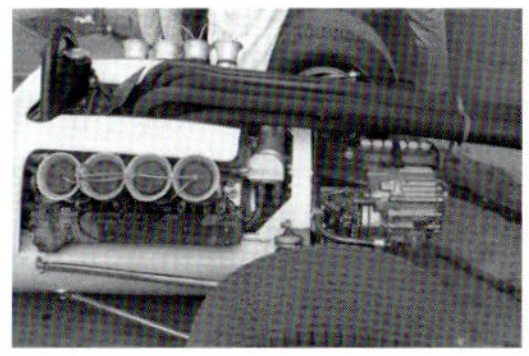
McLaren-Ford V8 1966

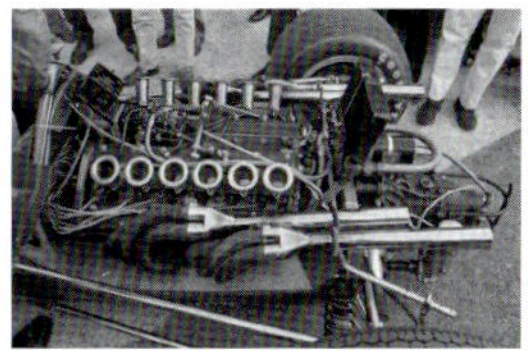
McLaren-BRM V12 1967

Williams und Ecclestone 1981

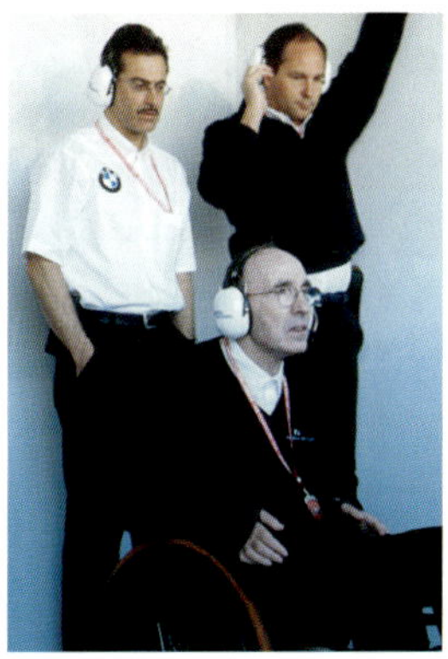
Theissen, Berger und Williams

BMW hatte – bevor noch ein einziges Triebwerk geliefert war – schon mal die neuen Usancen diktiert. Damit auch wirklich alles im

BMW-Williams Team-Präsentation 2000

weiß-blauen Sinne lief, erwartete man von der Williams-Geschäftsleitung, daß sie sich gefälligst aus allen Marketing- und Werbefragen des neuen Williams-BMW-Teams

Ralf Schumacher

heraushalte. Rund 150 Millionen Mark als Dreingabe auf die Motoren war das Stillhalteabkommen den Bayern wert.

Ohne die Konzerne läuft schon lange nichts mehr in der Formel 1. Die Zeit, als sie ihre Motoren artig am Lieferanteneingang deponierten, ist endgültig vorbei. Mit diesem gesteigerten Selbstwertgefühl gehen sie nun daran, die Macht in der Formel 1 zu übernehmen. Waren es bis vor wenigen Jahren hauptsächlich Ferrari und der Fiat-Konzern, denen Ecclestone besonders gesonnen sein musste, so ist mittlerweile DaimlerChrysler die neue Macht im Hintergrund. Noch schläft der Riese, aber aufwecken sollte man ihn nicht – das weiß Ecclestone, der die Macht des Konzerns und Schrempps fürchtet: „Daimler hat soviel Power und Macht, die könnten alles machen, wenn sie wollten", sagte er schon 1999, „man sollte sich nicht mit Schrempp anlegen."

Schrempp im McLaren 2-Sitzer

TV-Tycoon Leo Kirch bekam die Macht schon zu spüren. Der Hintergrund: Zu lange in den Augen der Konzernchefs unterliegen die Männer vom Free-TV-Sender RTL, obwohl für viel Geld Rechteverwerter der Formel 1, strikten Restriktionen. So dürfen sie Interviews nur noch mit deutschen Fahrern oder Teams mit deutschem Bezug führen. Obendrein sind diese Interviews zeitlich auf 15 Sekunden begrenzt. Jedes gedrehte Bild muss außerdem zur Begutachtung vorgelegt werden. Und weil es immer wieder Streitfälle gibt, reisen die Fernsehleute aus Köln mittlerweile gleich mit ihren Anwälten zum Rennen an. Aufnahmen, die weiter zurückreichen als in die vergangene Saison, dürfen nicht mehr verwendet werden. Sie lagern im Pay-TV-Archiv und sind nur noch gegen Vorkasse erhältlich. „Es ist völlig irre", sagt einer, der seinen Namen nicht genannt wissen will, „aber wir müssen unsere eigenen Bilder für viel Geld zurückkaufen." Aus Angst, als TV-Rechteinhaber werde der Medien-Mogul Kirch die Live-Übertragungen in Zukunft nur noch von seinem Pay-TV machen lassen, gingen die Auto-Hersteller auf die Barrikaden und gründeten eine Firma, die für 2008 eine eigene Serie vorbereiten soll. Es wäre der Tod der Formel 1, denn die Konzerne würden nicht nur die Motoren mitnehmen, sondern auch die mittlerweile gekauften Rennställe. Obwohl die Konzerne alle Trümpfe in der Hand halten, glaubt der Präsident der internationalen Automobilbehörde FIA, Max Mosley, nicht, dass sie ausgespielt werden: „Das Ganze ist ein Geschäft. Es ist klar, dass eine Spaltung weder im Interesse der großen Hersteller noch von Kirch liegt. Jeder weiß, es kann nur eine Meisterschaft geben. Ich gehe davon aus, dass vorher eine Einigung erzielt wird", sagt Mosley.

RTL-Kameramann

Kai Ebel und Norbert Haug

FIA-Präsident Max Mosley

Die Angst der Hardliner wie Frank Williams hat dagegen ganz andere Gründe. Denn keiner weiß, wie sehr auf die Konzerne Verlass ist. Werke kommen und gehen – ganz wie es die Konzern-Bilanz, der Zeitgeist oder auch nur der Betriebsrat will. Und vor allem: Nur ein Werk kann gewinnen, der Rest verliert, zuerst das Rennen und dann wegen vergeblicher Millioneneinsätze die Laune. So orakelt Schumacher-Manager Willi Weber düster: „Die Werke haben bis jetzt noch jede Serie platt gemacht. Entweder gehen die Werke raus, weil sie alles gewonnen haben, oder sie gewinnen nicht, dann gehen sie

Dr. Göschel und Weber

erst recht raus." Beispiele hierfür gibt es reichlich. Die Sportwagen-Serien Gruppe C und die FIA GT, die Deutsche Tourenwagen-Meisterschaft, der Super-Tourenwagen-Cup – alles Werks-Serien, die von der Bildfläche verschwanden, als die Konzerne das Interesse daran verloren.

Willi Weber und Ecclestone

Und was soll erst werden, wenn der Bernie Ecclestone aus Altersgründen die bislang straff geführten Zügel baumeln lässt und die

Bernie Ecclestone in seinem Motorhome

auf eigenen Vorteil bedachten Werke eilig ins Machtvakuum schlüpfen? Besorgt fragte schon das Fachblatt „Auto Motor und Sport", was nach dem Rückzug der Werke passiert und wenn die Teamchefs, die diese Serie einmal getragen haben, zu Frühstücksdirektoren verkommen sind. Ganz besonders gefährdet sind die Teams, deren Chefs noch nicht einmal Frühstücksdirektor spielen dürfen und dies aus schierem Überlebenstrieb sogar liebend gerne tun würden. Sauber, Arrows und Minardi haben keine Werksunterstützung und operieren am Existenzminimum. Minardi ist am ärmsten dran. Kürzlich wurden im Firmensitz in Faenza Strom und Telefon abgestellt, so dass der damalige Konstrukteur Gustav Brunner seinen Laptop zu Hause aufladen musste, um überhaupt in der Fabrik arbeiten zu können. Ecclestone habe mit eigenem Geld die Lichter wieder angehen lassen, erzählt man im „Radio Fahrerlager". Alle drei bieten ihre Rennställe fast wie auf einem arabischen Basar an. „Die Konzerne schrauben die Budgets derart nach oben, dass wir dringend Partner oder große Sponsoren brauchen, um in Zukunft weiter dabei sein zu können", befürchtet Giancarlo Minardi. Arrows-Chef Tom Walkinshaw versucht aus der gleichen Existenzangst heraus schon längere Zeit, VW zu einem Einstieg in die oberste Motorsportklasse zu bewegen – bisher vergebens. Der Schweizer und Ex-Mercedes-Partner Peter Sauber, der seine Firma schon zu zwei Dritteln dem österreichischen Energiedrink-Hersteller Dietrich Mateschitz (Red Bull) verkaufen musste, macht ebenso kein Geheimnis daraus, „wieder mit einem großen Werk arbeiten zu wollen". Eine Audi-Delegation war Ende 1997 schon bei ihm in der Fabrik. Sauber konnte sie aber damals nicht zu einem Formel-1-Einstieg überreden.

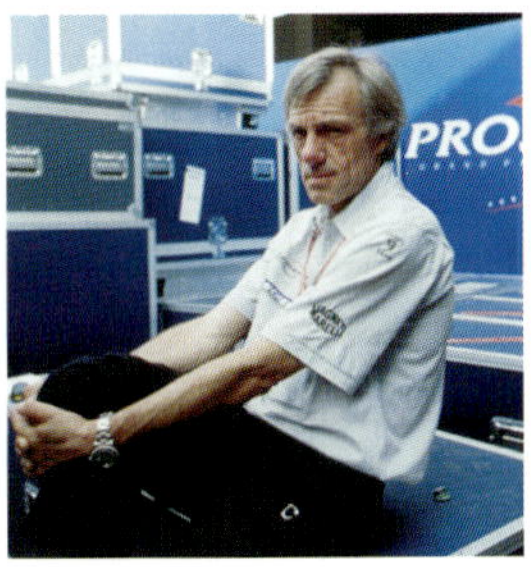
Gustav Brunner

Arrows-Chef Walkinshaw

FIA-Präsident Max Mosley, der die Probleme der kleinen Teams kennt, hat deshalb eine verwegene Theorie ausgearbeitet, die zwar nur sehr schwer wegen verschiedener Firmen- und Sponsoreninteressen zu verwirklichen ist, aber immerhin der erste Schritt sein könnte. Nach dem Vorbild beim Military will er innerhalb der Saison die Fahrer Autos tauschen lassen. Gibt es elf Teams und 22 Fahrer wie im Moment, sollten alle Fahrer in den ersten elf Rennen mit einem anderen Auto fahren. Danach könnten sich für den Rest der Saison die Besten in der Punktetabelle nacheinander ihr Auto aussuchen. „Dann könnte man doch wirklich erst sagen, welches die besten Fahrer und welches die besten Auto sind", sagt Mosley, „außerdem wäre es doch faszinierend zu sehen, was ein Schumacher auf einem Minardi ausrichten könnte." Und für Sponsoren wäre Minardi auch plötzlich viel interessanter.

Mosley und Ecclestone

An der großen Inflationsschraube wird vor allem ein Werk aus dem krisengeschüttelten Japan drehen. Toyota baut wie Ferrari sowohl Fahrwerk als auch Motor und hat in Köln eine gigantische Fabrik zur Verfügung. Mit dieser Präsenz bringen sie die anderen Werke in weiteren Zugzwang. Schumacher-Manager Willi Weber benennt den neuen Druck im System: „Wenn erst einmal ein Toyota-Toyota siegt, dann reichen McLaren-Mercedes-Siege nicht mehr. Dann dürfen die Autos nur noch Mercedes heißen."

BMW-Mann Gerhard Berger weiß auch keinen Rat: „Ob die Formel 1 mal zum Spielball der Konzerne werden könnte, hängt letztlich davon ab, wie das Unternehmen Formel 1 geführt wird. Ecclestone ist

Gerhard Berger

bekannt dafür, langfristig zu denken." Der findige Brite, mit seinen 72 Jahren deutlich über der Pensionsgrenze, sucht prompt das Heil wie bei seinem bislang vergeblichen Börsengang im ganz großen Kapital: „Ich glaube nicht, dass die Teams nach einem Rückzug der Werke sterben werden. Sie werden dann halt von großen Investment-Gesellschaften übernommen."
Die Zukunft seiner Formel 1 jedenfalls sieht er als gesichert an. Für die Angst, die manch alteingesessener Teamchef hat, dass die Werke immer mehr Einfluss nehmen und die Formel 1 damit gefährden, hat Ecclestone keinerlei Verständnis: „Große Firmen wie Mercedes oder Ford würden niemals aussteigen und einen großen Scherbenhaufen hinterlassen. Sie würden auch nach ihrem offiziellen Ausstieg die Teams weiter in irgendeiner Form unterstützen." Besonders eines müssten die Leute endlich einmal kapieren:

Fans beim GP Australien 2001

„Bei allem Sport, die Formel 1 ist in erster Linie ein riesiges Entertainment. Und Entertainment wollen die Menschen immer haben."

Dabei ist aber noch eine Hürde zu bewältigen: Ab 2006 ist laut EU-Beschluss Zigarettenwerbung verboten. Die Formel 1 wird dann rauchfrei und verliert ihre potentesten Sponsoren, die bisher zwei Drittel des Budgets vom gesamten Feld abdecken und gigantische Marketingfeldzüge und Imagekampagnen rund um die Formel 1 starteten. An der Spitze der Geldgeber-Hitliste stand Philip Morris.

Michael Schumacher

Der amerikanische Tabakriese bezahlt pro Jahr 110 Millionen Dollar an Ferrari, damit Michael Schumacher als Zeitgeist gerechter Marlboro-Mann das Image des modernen Asphaltcowboys herüberbringt.

BAR & BAT

British-American-Tobacco hat sich mit 100 Millionen Dollar gleich an einem Team beteiligt,

Jacques Villeneuve im BAR-Honda

West gibt 50 Millionen an McLaren-Mercedes, um sich mit dem Glanz der „Silberpfeile" zu schmücken. „Wir wollen aber gar nicht jede freie Fläche mit Schriftzügen vollpflastern", pflegte Marlboro-Manager John Hogan aus der

GP Italien 1991, Marlboro-Erlebnispark

Philip-Morris-Europazentrale in Lausanne zu sagen, „sondern den Leuten die Lust und Freude am Leben vermitteln." Dafür stellt Marlboro dann Erlebniswelten in der Nähe jeder Rennstrecke auf,

GP Japan 1998

wo die Fans zwischen Discomusik, Filmen und Rennsimulatoren auch einmal am Wochenende für zehn Minuten Michael Schumacher auf der Bühne erleben dürfen. Bei Reemtsma (West) sieht man einfach die Notwendigkeit, „auf der Weltbühne des Motorsports präsent zu sein". Die Formel 1 hätte West zu einem internationalen Image

Coulthard im McLaren

verholfen. Seit dem Engagement bei McLaren-Mercedes sei West die am schnellsten wachsende Zigarettenmarke der Welt. Eine Lösung hat BMW-Renndirektor Gerhard Berger parat: „Die Sponsoren müssen aus anderen Bereichen kom-

GP Europa (Nürburgring) 2001

men." Er verweist auf den Deal seines Rennstalls mit der deutschen Allianz-Versicherung. Der Versicherungsriese ist neben Computerhersteller Compaq einer der Hauptsponsoren der deutsch-englischen

Rennallianz. Für geschätzte 50 Millionen Mark in drei Jahren wurde der Schriftzug der Versicherungsgesellschaft prominent auf der so genannten Lufthutze des weißblauen Rennwagens platziert – also fotogen und gut sichtbar auf beiden Seiten hinter dem Kopf der Fahrer. Der Deal passt in das Gesamtkonzept des Ex-Formel-1-Piloten, der fast euphorisch seine Sponsorenphilosophie frei von Tabakfirmen beschreibt: „Vor allen Dingen sind wir stolz darauf, dass wir zum größten Teil Sponsoren aus dem Kommunikationsbereich haben. Da liegen wir voll im Trend. Ich würde sogar von einem Vorbildpaket reden, das wir da geschnürt haben.“

BMW-Williams

Ralf Schumachers Williams

Die Motorenhersteller

Die großen Automobilkonzerne haben die Formel 1 als peppiges Shopping-Center entdeckt, der Kaufrausch geht um in der Königsklasse, und Teams wie das des dreifachen Weltmeisters Stewart wecken Begehrlichkeiten bei Ford, Toyota, Honda und Co. Mercedes beliefert nicht nur McLaren mit rund 80 Formel-1-Motoren im Jahr – der DaimlerChrysler-Konzern kontrolliert auch die Formel-1-Edelschmiede des Ex-Mechanikers Ron Dennis. BMW rüstet Williams aus, Honda will seine Chancen verdoppeln, indem man BAR und Jordan Rennmotoren zur Verfügung stellt. Ford lässt mit Jaguar die Katze aus dem Sack und hat das Team von Jackie Stewart gekauft. Genauso wie Renault, das sich Benetton aneignete. Ferrari gehört zu 90 Prozent dem Fiat-Konzern. Und Peugeot, frustriert von Misserfolgen der letzten Jahre, stellte zeitweise sein Know-how dem Arrows-Team zur Verfügung, das die französischen Antriebsaggregate unter dem Namen Asiatech weiterlaufen ließ. Und Toyota startet erstmals 2002. Die großen Automobil-Werke geben Gas. Mercedes-Motorsportchef Norbert Haug nennt die Eckdaten: „In Zukunft werden weniger die Teams gegeneinander fahren als die Marken um den Sieg kämpfen.“ Die Folge: Die Kosten schnellen nach oben, es gibt immer hektischere Techniksprünge in der Triebwerksentwicklung, Jahresbudgets der Motorenhersteller jenseits der 100-Millionen-Mark-Grenze sind längst erreicht. Mercedes-Sportchef Norbert Haug sagt: „Das Werksengagement von so vielen Herstellern bringt andere Ansprüche in die Formel 1.“ Bei BMW resümiert Motorsportdirektor Gerhard Berger: „Wenn man die Botschaft über die Leistungsfähigkeit eines Unternehmens in die ganze Welt tragen möchte, gibt es zur Formel 1 keine Alternative.“ Sein Kollege Haug liefert die Gründe des Engagements: „Win on sunday, sell on Monday – das stimmt hundertprozentig. Auch wenn keiner sagen kann, wieviel Prozent eines Verkauferfolges letztendlich dem Motorsport zugeschrieben werden kann.“

McLaren-Mercedes-Bosse

Ralf Schumacher

Honda-Power bei Jordan

GP Deutschland (Hockenheim) 2001

Asiatech-Motorhome

Berger und Haug

Die Sponsoren

Formel 1 ist in. Gerade deutsche Firmen haben in den letzten Jahren den rasenden High-Tech-Zirkus als schnellsten Werbe- und

GP USA (Indianapolis) 2000

Imageträger erkannt. Und das ist kein Wunder: Denn die Formel 1 gilt inzwischen weltweit als die führende Sportveranstaltung, die pro Rennen rund 350 Millionen Zuschauer in 209 Ländern erreicht.

Werner Heinz, Manager

Werner Heinz, Chef von WH Sport und Berater von Fahrern wie Nick Heidfeld, Firmen wie Sonax oder der Oppenheimer Bank sowie Vermarkter des Nürburgrings, weiß: „Der Wiedererkennungswert in der Formel 1 ist enorm. Es gibt kein besseres Vermarktungsinstrument.“

Michael Schumacher ...

... und sein Abbild

Die Firmen können die Worte von Werner Heinz bestätigen. TÜV-Konkurrent DEKRA kennen heute 90 Prozent der Deutschen, weil Michael Schumacher jahrelang nie ohne Logo seines Ex-Sponsors aufgetreten war. Die Bierbrauer von Veltins, seit drei Jahren Williams-Sponsor, verzeichnen seitdem eine Steigerung des Bekanntheitsgrads von knapp über Null auf 14 Prozent. Der Autozubehörhersteller Sonax gewinnt

Ralf Schumacher

Sonax bei Williams 1999

jeden Test mit Konkurrenten im Bekanntheitsgrad, seit man vor sieben Jahren in die Formel 1 einstieg und mit Ayrton Senna warb.

Sonax bei Senna 1994

Sogar der eher konservative Elektronikriese Siemens kam an der Formel 1 nicht mehr vorbei. Siemens Information and Communication, der größte Teilbereich, der 50 Milliarden Mark zum Gesamtumsatz (120 Milliarden) beiträgt, hat die Formel 1 als optimalen Werbeträger erkannt.

Mika Häkkinen

McLaren-Mercedes

Siemens fährt dabei zweigleisig. Der „Siemens Mobile“-Schriftzug taucht auf dem Overall der beiden McLaren-Piloten auf und zudem auf den Seitenkästen des „Silberpfeils“.

Einen weiteren Deal schlossen die cleveren Siemens-Strategen mit der Internationalen Motorsportbehör-

Heinz-Harald Frentzen

de (FIA) und der Formula-One-Administration (FOA) ab: Für circa 10 Millionen Dollar darf Siemens seinen Namenszug in Verbindung mit der offiziellen Formel-1-Zeitmessung präsentieren – das Synonym für Genauigkeit und Fortschritt.

GP Europa (Nürburgring) 2001

Für Sekunden wird auf dem Bildschirm immer wieder der Name Siemens erscheinen – zudem ist der Schriftzug auf allen offiziellen Zeitentabellen präsent, die die FIA in allen Pressezentren herausgibt.

McLaren

Das Engagement lohnt sich: Gerade in Deutschland haben sich Schumacher und Co. mittlerweile auf Platz zwei der beliebtesten Fernseh-

Start zum GP Europa (Nürburgring) 2001

sportarten etabliert, direkt hinter „König Fußball“. Über 50 Milliarden Einschaltungen stellte das englische Marktforschungsinstitut, „Sports Marketing Surveys“, schon im vergangenen Jahr bei den Formel-1-Übertragungen weltweit fest. „Die Formel 1 ist ein hochkommerzielles High-Tech-Abenteuer, mit hoher Rentabilität und ungebrochenen Wachstumsaussichten“, begründet das US-Wirtschaftsmagazin „Forbes“ das Interesse von Firmen an dem Rennzirkus. Und diese hatten schon 250 Millionen Dollar in das aus 22 Autos bestehende Paket von Formel-1-Boss Bernie Ecclestone gepumpt, da hatte sich vor dem ersten Saisonrennen in Melbourne noch kein Rad gedreht.

Warsteiner-Präsentation am Nürburgring 2000

Das Merchandising

Michael Schumacher hat sich ein Wirtschafts-Imperium geschaffen, das er hauptsächlich dem Merchandising zu verdanken hat. Der Gesamtumsatz des Formel-1-Fahrers hatte erstmals im Jahr 1996 die 100-Millionen-Mark-Schallmauer gesprengt. Dabei hatte sich der Wechsel des damals 27-Jährigen zu Ferrari als Schlüssel zu einem Werbetresor in bisher ungeahnter Dimension entpuppt. „Der Mythos dieses Teams machte vieles leichter“, sagt Willi Weber. Mit der Kombination Ferrari/Schumacher würden schließlich 90 Prozent der Motorsport-Fans angesprochen. Weber stolz: „Wir sind jetzt ein richtiges Wirtschaftsunternehmen.“ Den Hauptanteil des Umsatzes spielt die Schumacher-Kollektion ein, in der von Lizenznehmern unzählige Fan-Artikel zum Verkauf angeboten werden. Sein Schützling ist mit bis zu 15 Prozent beteiligt. Hinzu kommt Schumachers zweistellige Millionen-Jahresgage bei Ferrari.

GP Spanien 1999

Willi Weber 1997

GP Kanada 1999

GP Spanien 1999

GP Deutschland (Hockenheim) 1996

Noch einmal rund 15 Millionen steuern die Privatsponsoren des Weltmeisters bei. Ein erster großer Schritt hin zum Imperium war Ende 1996 der Vertrag mit Nike.

„Wahnsinnig stolz“ ist Weber heute noch auf den Vierjahresvertrag mit dem US-Sportartikelhersteller. „Hinter diesem Partner war ich zwei Jahre her, der Abschluss hatte für uns Signalwirkung“, sagt Weber. Schumacher kassiert von Nike geschätzte 20 Millionen Mark. Damit stürmte Schumacher in der internationalen Geldrangliste vom neunten Platz an die Spitze. 1995 betrug Schumachers Einkommen noch 28 Millionen Mark brutto. Die Eckdaten im Jahre 2000: Vom Spielzeug- und Elektronik-Hersteller Mattel bekam Schumacher 3,5 Mio pro Jahr, vom Reifenproduzenten Bridgestone 3 Mio, von der Telecom Italia 1 Mio, vom Kosmetik-Giganten L'Oreal 2,5 Mio, von Nike 1,5 Mio. Und nur für die Werbung auf der Schumi-Mütze zahlte die Deutsche Vermögensberatung 4,8 Mio Mark. Die wollen dafür „Schumis-Fans“ als Kunden gewinnen: Wer von ihnen 100 bis 150 Mark im Monat ansparen kann, den hat die DVAG im

Nike und Schumacher

GP Spanien 1999

Schumacher und Barrichello

GP Japan 2000

Auge. Wen stört es da, dass Michael am Anfang des Jahres – gefragt, was eigentlich auf seiner Kappe stehe – unschuldig antwortete: „Deutsche-Vermögens-Gesellschaft“. „Michael ist ein absoluter Weltstar und ein Idol für die Jugend“, sagt Weber. „Langfristig kommt keine Firma an seinem Namen vorbei. Er ist der Mann, den Unternehmen für ihre Produkte brauchen.“ In der Schumacher-Kollektion werden von Lizenznehmern rund 220 Artikel zu Preisen zwischen fünf und 2000 Mark zum Verkauf angeboten. Es gibt inzwischen viele Partner-Unternehmen

GP Australien (Melbourne) 1999

wie zum Beispiel Pole Position Marketing von Webers Tochter Christina, die den Direktversand per Katalog leitet. Selbstredend, dass man alle Produkte im eigenen „Michael-Schumacher-Magazin“ erwerben kann – das kostet DM 12,80 und erscheint vierteljährlich. Die roten Kopfbedeckungen sind der Renner in der Kollektion. Nach dem Titel mit Ferrari kennt der Boom keine Grenzen mehr.

GP Spanien 1999

100 000 Mützen waren bereits kurz nach Gewinn der Weltmeisterschaft fertiggestellt, die ersten 100 000 T-Shirts folgten sogleich. Durch diesen Titel mit Ferrari werden die Verkaufszahlen weiter in die Höhe schnellen. „Vor allem auf dem italienischen Markt erwarte ich eine Steigerung um 30 Prozent“, orakelt Weber, „denn bisher waren die Italiener in allererster Linie Ferrari-Fans, da war egal, wer am Steuer saß. Der Pilot spielte nur zu 20 Prozent eine Rolle. Doch jetzt glaube ich, dass sich durch Michaels Triumph diese Relation verschoben hat und bei 50:50 liegt.“ Dafür spricht: Allein seit Schumis Wechsel zu Ferrari brachten 1,5 Millionen Ferrarikappen (Stückpreis DM 39,90) circa 60 Millionen Mark ein.

GP San Marino (Imola) 2001

Die Rennstrecke

Orte wie Monaco, Melbourne oder Montreal begrüßen die Formel 1 und sind nette Gastgeber, aber abhängig sind sie nicht vom High-

GP Luxembourg (Nürburgring) 1998

Tech-Zirkus. Anders sieht die Situation da beim Nürburgring aus, dessen Umgebung vom Motorsport und im besonderen der Formel 1 lebt. Der Nürburgring ist dabei längst nicht mehr nur Mythos, sondern auch ein Markenartikel geworden. Immer größer wird die Bedeutung

GP Europa (Nürburgring) 2001

Oldtimer-GP 2001 auf dem Nürburgring

der Rennstrecke auch als vielseitiges Zentrum für Verkehrssicherheit, Tourismus und Freizeit. „Ohne den Nürburgring wäre die Eifel doch ein Mittelgebirge wie jedes andere auch“, stellt der Herr des Ringes nüchtern fest. Dr. Walter Kaffitz, Geschäftsführer der Nürburgring GmbH, besteht darauf, „kein Beamter zu sein“, wie seine Vorgänger, sondern Manager: „Es werden insgesamt 500 Millionen Mark in und um den Nürburgring umgesetzt.“ Die Einheimischen leben nach dem Rhythmus, den die Veranstaltungen auf Nordschleife und Grand-Prix-Kurs vorgeben. Für sie haben Kaffitz und sein Exklusivvermarkter, der Trierer Marketingstratege Werner Heinz, den „Ring“ zur Goldgrube gemacht.

Oldtimer-GP 2001

GP Europa (Nürburgring) 2001

Allein am Grand-Prix-Wochenende werden 120 Millionen Mark umgesetzt, 20 davon bleiben als Gewinn der Region erhalten. „Insgesamt“, so Kaffitz, „sind beim Formel-1-Rennen 3000 Firmen involviert mit 15 000 Beschäftigten. Neben den Rennveranstaltungen bietet die Nürburgring-Anlage auch eine optimale Naturbühne für andere

Veranstaltungen, beispielsweise für das „Open-Air-Festival“. Der Nürburgring ist Veranstaltungsort für rund 15 Groß- und 100 weitere Veranstaltungen. Auch deswegen kennen 90 Prozent der deutschen Bevölkerung die bekanntetste Sehenswürdigkeit in der Eifel. Und die Nürburgring GmbH investiert immer weiter: So bietet die „Erlebniswelt Nürburgring“ seit Mai 1998 in vier wettersicheren Hallen ein besonderes Vergnügungsangebot

Der Erlebnispark auf dem Nürburgring

auch während der Woche und außerhalb der Rennsaison.
112 Millionen Mark investierte die Nürburgring GmbH in den letzten fünf Jahren. Zuletzt wurde für 30 Millionen Mark eine neue, hypermoderne Boxenanlage gebaut, die im vergangenen Jahr

Michael Schumacher nach Boxenstop (Nürburgring)

kurz vor dem „Großen Preis von Europa“ fertiggestellt wurde.

Das Fernsehen

Der Verkauf von Bernie Ecclestones Formel-1-Holding SLEC an die Münchner Kirch-Gruppe (75 Prozent), dazu das Vorhaben von Leo Kirch, die Formel 1 nach Beendigung der bisherigen TV-Verträge nur noch im Pay-TV übertragen zu wollen, zwang die Automobilhersteller zum Handeln. Die fünf in der Formel 1 engagierten Autobau-

GP Malaysia 2001, TV-Übertragungsantennen

er Fiat (Ferrari), DaimlerChrysler (McLaren-Mercedes), Renault (Benetton-Renault), BMW (Williams-BMW) und Ford (Jaguar) haben auf einer Sitzung der europäischen Hersteller-Vereinigung (ACEA) eine Gesellschaft gegründet, um 2008 eine eigene Rennserie zu veranstalten. Die Mächtigen der Formel 1 haben so rechtzeitig die Grundlagen für die TV-Zukunft geschaffen. Zusätzlich hat Ecclestone den Herstellern die Hälfte seines 25-Prozent-Anteils an der SLEC angeboten. Auch die Kirch-Gruppe bot 25 Prozent zum Verkauf. Damit würden Fiat, DaimlerChrysler & Co 37,5 Prozent der kommerziellen Rechte besitzen. Die Automobil-

Das Zelt des Digital-TV

GP Belgien 1998, Schumacher im Mittelpunkt

hersteller setzen den neuen Mehrheitseigner Leo Kirch indes weiter unter Druck. „Wir sind zutiefst davon überzeugt, dass die Formel 1 nicht allein von einem Medienkonzern organisiert und betrieben werden kann“, betonte Jürgen Hubbert, das bei DaimlerChrysler für die Formel 1 zuständige Vorstandsmitglied. „Man kann von den Herstellern nicht erwarten, dass wir unter der Tür durchkriechen und betteln“, so Hubbert weiter. Er und seine Vorstandskollegen wollen die Kirch-Gruppe mit Härte in die Knie zwingen. Das eindeutige Signal: Nur wenn die Forderungen erfüllt werden, gibt es eine Einigung. „Sollte in dieser Richtung etwas passieren“, so Hubbert, „dann werden wir nicht so dumm sein, uns nicht an einen Tisch zu setzen und darüber zu reden.
Niemand will aus Spaß oder Tollerei etwas gut Funktionierendes zerstören.“ Die Formel 1 hängt sicherlich sowohl vom Publikumsinteresse als auch von den Einnahmen her am Tropf der internationalen Riege der Fernsehgesellschaften. Dass die Automobilhersteller jedoch auch kontrollieren möchten, was sie inszenieren, ist verständlich. Andere Sportarten, die im Pay-TV verschwunden sind, können als Negativ-Beispiel herangezogen werden. Aus Sicht von FIA-Präsident Max Mosley geht es letztendlich nur um Garantien der Kirch-Gruppe. „Die Hersteller wollen, dass die Formel-1-WM auch in Zukunft im Free-TV zu sehen ist. Laut des von den Teams unterzeichneten Concorde-Abkommens ist dies vertraglich ohnehin bis Ende 2007 der Fall“, erläutert der Präsident. Für alle Fans bleibt zu hoffen, dass der Optimismus des versierten Politikers Mosley berechtigt ist.

GP Monaco 2000

GP Europa (Nürburgring) 2001

Karl Kling

* 16.9.1910

Zum falschen Zeitpunkt geboren

Karl Kling war zu einer falschen Zeit geboren. Zu spät, um vor dem Zweiten Weltkrieg den erfahrenen Rudolf Carraciola oder Bernd Rosemeyer Konkurrenz zu machen, zu früh, um nach dem Krieg der ungestümen Jugend der Stirling Moss, Juan Manuel Fangio oder Alberto Ascari Paroli zu bieten. Dennoch gehört Karl Kling ein Ehrenplatz, schließlich war er der beste deutsche Fahrer in der glorreichen „Silberpfeil-Ära" 1954 und 1955. 17 Punkte holte er in nur 11 Rennen, bestes Ergebnis war ein zweiter Platz beim legendären Großen Preis von Frankreich 1954, dem Comeback-Rennen der „Silberpfeile", das gleich mit einem Mercedes-Doppelsieg (Sieger Juan Manuel Fangio) endete.

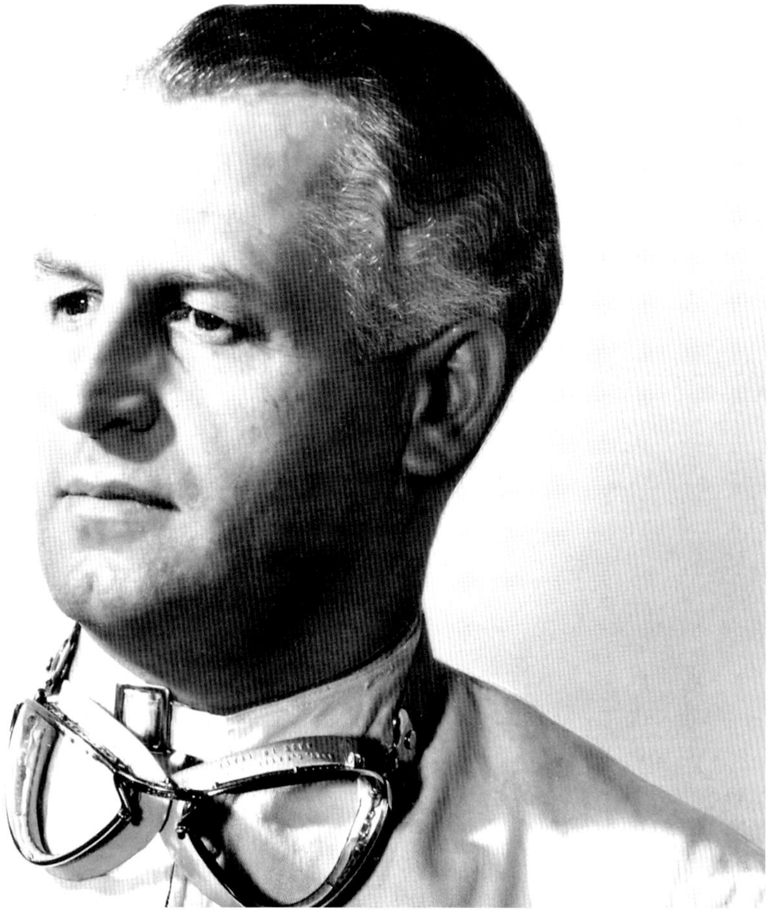

Karl Kling 1954

GP Frankreich in Reims 1954, beim Debüt der „Silberpfeile", Doppelsieg, Fangio (Startnummer 18) vor Kling (20)

Hans Herrmann

* 23.2.1928

Der erste Mercedes-Junior

Es ist gar nicht klar, dass der Schwabe seine Grand-Prix-Laufbahn nicht auf Mercedes begann. Doch sein Debüt auf dem Nürburgring 1953 auf einem 2.0 Liter Veritas AS war nur das Vorspiel: 1954 gehörte er dem Team der „Silberpfeile" an, das in Reims alles in Grund und Boden fuhr. Für Mercedes bestritt Hans Herrmann insgesamt sieben Rennen und holte dabei neun Punkte. Seine Auftritte auf Maserati (1957 und 1958), Cooper (1959) und BRM (1959) blieben aber ohne Punkte. Dafür gingen die Bilder seines spektakulären Unfalls auf der Avus, als er sich überschlug und aus dem Auto hinausgeschleudert wurde, um die

24 h Le Mans, 1969

Welt. Wie ein Wunder blieb er nahezu unverletzt. 1960 und 1961 fuhr er drei Rennen für Porsche und holte dabei einen WM-Punkt. 1966 startete Herrmann noch einmal auf dem Nürburgring. Doch sein Winkelmann-Brabham erwies sich nicht als konkurrenzfähig. 1969 beendete er nach dem tödlichen Unfall seines Freundes Gerhard Mitter an gleicher Stelle seine Grand-Prix-Karriere. In 18 Rennen holte er zehn WM-Punkte und fuhr einmal die schnellste Runde. Schlagzeilen machte Hans Herrmann später noch durch seine Siege im Porsche-Sportwagen: Vor allem ragt der Triumph im 917 bei den 24 Stunden von Le Mans 1970 zusammen mit Britten Richard Attwood heraus. Noch heute gehört Hans Herrmann der „Mercedes-Familie" an und ist auf großen Veranstaltungen und bei offiziellen Anlässen ein gern gesehener Vorzeigegast.

Hockenheim 2000 mit Werner Aichinger

GP Deutschland (Nürburgring) 1966 im Formel-2-Brabham

GP England (Aintree) 1961, letzter Sieg

Wolfgang Graf Berghe von Trips

* 4.5.1928, † 10.9.1961

Der Gentleman-Driver

Der Graf ist heute Legende. Er löste Anfang der sechziger Jahre einen Motorsport-Boom in Deutschland aus, der erst 30 Jahre später wieder von seinem Landsmann aus Kerpen, Michael Schumacher, vergleichbare Dimensionen erreichte. Ohne Trips hätte es den Formel-1-Fahrer Schumacher wohl kaum gegeben, machte der Graf doch das Kartfahren in Deutschland populär. Trips war ein Herrenfahrer der alten Schule: gutaussehend, mit blendenden Manieren, adelig dazu und todesverachtend. 1961 wäre er wohl auf Ferrari Weltmeister geworden, hätte es nicht da am 10. September 1961 die schicksalhafte Kollision mit Jim Clark in der ersten Runde des Grand Prix von Italien in Monza kurz vor der Parabolica-Kurve gegeben. Der Ferrari steigt auf wie eine Rakete, tötet zwölf Zuschauer. Trips wird aus dem Auto geschleudert und ist auf der Stelle tot. Die deutschen Radioreporter brechen mit tränenerstickter Stimme ihre Live-Reportage ab. Das Rennen indes geht weiter –

GP Belgien (Spa-Francorchamps) 1961

Ferrari-Teamkollege und Rivale um den WM-Titelkampf Phil Hill gewinnt und ist Weltmeister. Ganz Deutschland trauert tagelang um seinen „Taffy", wie ein ganzes Land den Grafen liebevoll genannt hat. Graf Berghe von Trips bleibt unvergessen – nicht nur wegen seiner Erfolge: Bei 27 Rennen holte er zwei Siege (beide 1961 beim GP von Holland in Zandvoort und beim GP von England in Aintree), eine Pole Position und 56 Punkte.

Ferrari-Team 1961: Wolfgang Graf Berghe von Trips, Phil Hill und Richie Ginther

GP Holland (Zandvoort) 1961, Sieger

Gerhard Mitter

* 30.8.1935, † 1.8.1969

Tod auf der Nordschleife

Relativ spät gab er sein Grand-Prix-Debüt: Mit 28 Jahren, 1963 beim Großen Preis von Holland in Zandvoort mit einem 1,5 Liter-Porsche 718 F4. Ein Kupplungsschaden beendete sein Debüt, doch das Talent Mitters kam schon bei seinem nächsten Rennen auf der legendären Nordschleife durch: Mitter fuhr den Porsche auf einen sensationellen vierten Platz. Es sollte sein letztes Erfolgserlebnis in der Formel 1 bleiben. Nach zwei Gaststarts im Wagen des Lotus-Werksteams verunglückte er 1969 beim Training zum Großen Preis von Deutschland tödlich. Sein Fahrzeug: ein von Dornier gebauter BMW-Formel 2.

GP Deutschland (Nürburgring) 1965

Solitude 1962, Lotus

Hubert Hahne

* 28.3.1935

Immer in Deutschland

Eigentlich ein BMW-Tourenwagen-Star, mit gelegentlichen Starts in der Formel 2, fuhr Hahne von 1966 bis 1970 fünf Grand-Prix-Rennen: alle in Deutschland, vier auf der Nordschleife des Nürburgrings, 1970 den letzten in Hockenheim. Dort allerdings konnte er sich mit einem March 701-Ford nicht für das Rennen qualifizieren. Schon ein Jahr zuvor trat er nicht zum Rennen an, weil sein Freund Gerhard Mitter im Training tödlich verunglückt war. In den ersten drei Jahren fuhr der Mann aus Moers einen Matra MS 5-BRM (9.), einen Lola T100-BMW Formel 2 (Aufhängungsschaden) sowie einen Lola T108-BMW Formel 2 (10.).

GP Deutschland (Nürburgring) 1967 im Formel-2-Lola

Jim-Clark-Gedächtnisrennen (Hockenheim) 1969, zweiter hinter Beltoise

GP Deutschland (Hockenheim) 1970, auf March in der Qualifikation gescheitert

Jo Siffert

*7.7.1936, † 24.10.1971

Stille Wasser gründen tief

Joseph Siffert, von allen nur Jo genannt, war bei jedem beliebt. Er war still, zurückhaltend und alles andere als der verwegene Rennfahrer, der als erstes nach dem Rennen die Zigarette aus dem Overall zieht, sie sich in den Mundwinkel klemmt und für den das Leben mit dem Sekundentod eine Philosophie ist. Dennoch war es das Leben am Limit, die Suche nach den persönlichen Grenzen, die der Schweizer suchte. Siffert war das Gegenteil des extrovertierten Jochen Rindt, der den Sinn des Lebens darin sah, gegen alles zu kämpfen. Sifferts kategorischer Imperativ war nicht die trotzige Geste, er lächelte immer offen und freundlich und war nicht dem Wind der Worte zugetan. Er mochte es nicht,

GP Monaco 1963

GP Belgien (Spa-Francorchamps) 1962, erste Zielankunft im zweiten Rennen, auf Lotus-Climax

ein Star zu sein, und er mochte es folglich auch nicht, wenn die Leute ihn deshalb anhimmelten und anschauten, als wäre er ein Außerirdischer. In der Schweiz war er ein Superstar. Schon 1962, mit 26 Jahren, hatte er seine Grand-Prix-Karriere begonnen. Er fuhr mit Lotus drei Rennen, in Belgien, Frankreich und Deutschland. Zwei Jahre später stand er das erste Mal auf dem Podium, den ersten Sieg holte Siffert allerdings erst 1968, als er das erste Mal ein Auto fuhr, mit dem man auch gewinnen konnte: Mit einem Lotus-Ford des genialen Konstrukteurs Colin Chapman gewann er den Großen Preis von England in Brands Hatch. Es sollte sein erster von zwei Siegen sein – der letzte gelang ihm 1971 in Österreich, diesmal mit einem BRM. 1972 sollte sein Jahr werden, die 71-er Saison schloss er als Vierter ab, und er galt als Mitfavorit auf den Titel 1972. Ein „Race of Champions" wurde ihm zum Verhängnis.

GP England (Brands Hatch) 1968, Sieger im Lotus 49B-Ford

GP England (Brands Hatch) 1968, Siffert freut sich über seinen ersten Sieg, Ickx (2. v. rechts) wird Dritter

GP Italien (Monza) 1968, mit Rico Steinemann und Rob Walker (rechts)

GP Italien (Monza) 1969

Bei einem Formel-1-Rennen am 24. Oktober 1971, das nicht zur Weltmeisterschaft zählte, kam er in Führung liegend mit seinem BRM von der Strecke ab. Das Auto überschlug sich im Graben und fing sofort Feuer. Siffert hatte keine Chance. Die Schweiz hatte wohl ihr größtes Rennfahrertalent aller Zeiten verloren. In 96 Grand-Prix-Rennen holte Siffert zwei Siege, zwei Pole Positions, 68 WM-Punkte und fuhr viermal die schnellste Runde. Siffert fuhr in einer Generation mit Jim Clark, Jochen Rindt und Jackie Stewart, und er war einer der besten von ihnen. Allerdings war damals Formel-1-Fahren „wie das Jonglieren mit einer Handgranate, du wusstest nie, ob das Ding losgeht", sagt der Weltmeister von 1964, John Surtees. „Die Autos sahen nicht nur aus wie rollende Särge, sie waren es auch." Jo Siffert hat wie viele seiner Kollegen diese Zeit nicht überlebt.

GP Monaco 1969, dritter Platz, in der alten Bahnhofskurve

GP Belgien (Spa-Francorchamps) 1970

GP Spanien (Jarama) 1970, im March vor Stewart

24 Stunden von Le Mans 1969

GP Belgien (Spa-Francorchamps) 1970, Start

GP Deutschland (Hockenheim) 1970, Siffert (Nr. 12) neben Rindt (2) und vor Teamkollege Amon (5)

GP Monaco 1970, mit Chris Amon

GP Deutschland 1970, Ausfall durch Motorschaden

1000 km Nürburgring 1971

GP Österreich (Zeltweg) 1971, Pole und Sieg für den Schweizer im Yardley-BRM

GP Italien (Monza) 1971, Platz 9

GP Deutschland (Nürburgring) 1965, im Cooper

Jochen Rindt

* 18.4.1942, † 5.9.1970

Der James Dean der Formel 1

Mitte der sechziger Jahre herrschte nach dem Tod von Graf Berghe von Trips Fruststimmung in Deutschland. Kein Fahrer war in Sicht, der die Nachfolge des Ferrari-Piloten aus Kerpen hätte antreten können. Da erinnerte man sich

GP Deutschland (Nürburgring) 1968, auf Brabham

GP Monaco 1967, im Hintergrund Heinz Prüller, österreichischer Fachjournalist

nur allzu gerne daran, dass Jochen Rindt in Mainz geboren wurde. Dass er einen tiefen Grazer Dialekt sprach, störte nicht im Geringsten. Auch dass er mittlerweile Österreicher war, wurde ignoriert. Warum auch? Man orientierte sich gerne an dem Beispiel der großen Vorbilder in den Zeiten des Wirtschaftswunders – den Amerikanern nämlich. Wer dort geboren wurde, konnte sogar Präsident werden. Also: Rindt war Deutscher.

Im Konkurrenzfahrzeug: auf der Jochen-Rindt-Show 1969, Jackie Stewart (links) und Jochen Rindt (rechts)

GP Deutschland (Nürburgring) 1969, im fliegenden Lotus

Mit Chapman vor dem Start

Jochen selbst sah sich als Österreicher, schließlich war er schon als Kleinkind zu seinen Großeltern nach Graz gekommen, als seine Eltern bei einem Luftangriff 1943 ums Leben kamen. Rindt wurde zur Legende. Für Bernie Ecclestone ist er bis heute „der Pilot mit dem größten Charisma und einer der schnellsten". Rindt, Intellektueller und Lebenskünstler zugleich, verkörperte nach außen den nach dem Sinn des Lebens suchenden

Führung vor dem Ferrari von Jacky Ickx

Der Sieger Jochen Rindt reicht dem zweitplatzierten Jacky Ickx den mit Champagner gefüllten Pokal. Alle Bilder der Doppelseite vom GP Deutschland 1970

Rennfahrer, der als erstes nach dem Rennen die Zigarette aus dem Overall zog und sie sich in den Mundwinkel klemmte. Er war der James Dean der Formel 1, für den das Leben mit dem Sekundentod eine Philosophie war. Sechs Rennen hatte er in seiner Karriere gewonnen. Den ersten Sieg erzielte er Ende 1969 in Watkins Glen. Ein weiterer folgte 1970 in Monaco im alten Lotus 49, ehe Teamchef Colin Chapman den schnittigen Lotus 72

GP Holland (Zandvoort) 1970

vorstellte. Der Wagen hatte Rindt im Sommer 1970 schon vier aufeinander folgende Siege eingebracht, als er beim Training zum Großen Preis von Italien 1970 in Monza den Tod fand, weil an seinem Lotus die Bremswelle brach. Weltmeister wurde er im gleichen Jahr posthum. „Entweder werde ich Weltmeister", hatte er zu seinem Lotus-Engagement gesagt, „oder ich werde sterben." Jochen Rindt tat Beides.

GP Frankreich (Clermont-Ferrand) 1970, Sieger

GP Österreich (Zeltweg) 1970, mit Frau Nina und Lotus-Teamchef Colin Chapman

GP Österreich (Zeltweg) 1970, eine saubere Fahrt führt zu Platz 3 im Brabham-Ford

Rolf Stommelen

* 11.7.1943, † 24.4.1983

Tod im Sportwagen

Der Kölner war eine Frohnatur, bei allen beliebt. Und er hatte riesiges Talent. In der Formel 1 kam es leider nie ganz zur Geltung, weil Stommelen nie mit den Spitzenau-

GP Monaco 1972, die Eigenkonstruktion des deutschen Eifelland war trotz futuristischem Colani-Design ein Fehlschlag

tos seiner Zeit unterwegs war. Fast hätte er dennoch ein Rennen gewonnen: 1975 führte er beim Großen Preis von Spanien im Montjuich-Park in Barcelona, als der Heckflügel seines Embassy-Hill-Ford abriss. Stommelen konnte froh sein, dass er sich bei dem Mega-Crash nur ein Bein brach. Acht Jahre später verunglückte Rolf bei einem Rennen in Riverside/Kalifornien mit einem Porsche-935-Nachbau tödlich.

GP Deutschland (Nürburgring) 1973, im Brabham-Ford

GP Frankreich (Le Castellet) 1971

GP Spanien 1975, ein Unfall, verursacht durch Heckflügelbruch, beendete das Rennen

GP Nürburgring 1976, Gastspiel bei Brabham-Alfa

GP Spanien (Montjuich-Park) 1975, vor dem Training neben seinem Hill-Lola-Ford

GP Deutschland (Hockenheim) 1978, Arrows-Ford

GP Frankreich (Le Castellet) 1978

Dr. Helmut Marko

* 27.4.1943

Der Jurist

Dr. Helmut Marko, ein studierter Jurist aus Graz, stand vor einer großen Karriere. Er fuhr 1971 und 1972 für BRM und war einer der besten Kumpels von Jochen Rindt –

Sieger vor Niki Lauda (links) und Peter Peters beim Formel-V-Rennen auf dem Nürburgring 1969

1000 km Zeltweg 1971

1000 km Zeltweg 1971

GP Monaco 1972

sie lernten sich im Internat Bad Aussee kennen. Ein schwerer Unfall beim Großen Preis von Frankreich in Clermont-Ferrand kostete Dr. Marko nicht nur die Karriere: Er verlor auch ein Auge – ein Stein, vom Hinterrad eines vor ihm fahrenden Autos hochgewirbelt, durchschlug seine Schutzbrille. Marko erholte sich aber schnell wieder. Er beriet Gerhard Berger und Karl Wendlinger und gründete sogar sein eigenes Formel-3000-Team.

GP Brasilien 2001, mit Gerhard Berger

GP Frankreich (Clermont-Ferrand) 1972

Niki Lauda

* 22.2.1949

Ein Weltstar, der gegen den Strom schwimmt

Kaum ein Sportler musste in seinem Leben auf der Schicksalsleiter häufiger auf- und abgehen. Sein Lebenslauf liest sich wie das Drehbuch eines Hollywood-Autoren, der eine Legende verfilmen will. Kurz: der Stoff, aus dem Träume und Alpträume sind. Lauda wird am 22.2.1949 als Andreas Nikolaus Lauda in Wien geboren. 1968 fährt er sein erstes Autorennen auf Mini Cooper S, den er sich vom Geld seiner Großmutter gekauft hat. 1971 bestreitet er sein erstes Formel-1-Rennen auf einem March, 1974 erreicht er den ersten GP-Sieg beim GP Spanien auf Ferrari. 1975 folgt der erste Weltmeistertitel. Weltberühmt wird er ein Jahr später bei seinem schweren Feuerunfall auf dem Nürburgring – Lauda erleidet schwerste Verbrennungen und Verätzungen der Atemwege durch das Einatmen giftiger Gase. Er ringt eine Woche mit dem Tod. Sechs Wochen nach dem Unfall gibt er sein Comeback in Monza und wird Vierter. Beim letzten Saisonrennen im japanischen Fuji gibt er in der zweiten Runde auf, weil ihm das Aquaplaning im strömenden Regen zu gefährlich ist.

GP Österreich (Zeltweg) 1972, March-Ford

Er verliert dadurch den Titel an James Hunt. 1977 gewinnt er den zweiten WM-Titel mit Ferrari; am Ende des Jahres wechselt er zu Brabham. 1978 gibt er mitten in der Saison beim GP von Kanada seinen Rücktritt bekannt. Seine Worte „Ich will nicht mehr im Kreis fahren" bleiben im Gedächtnis. Er gründet die Lauda Air mit zwei Fokker 27, macht nach und nach alle Pilotenscheine. 1982 dann gibt er das Formel-1-Comeback mit

GP Spanien (Montjuich) 1973, auf BRM

1000 km Tourenwagen auf dem Nürburgring 1973, ein Abstecher zwischen zwei Formel-1-Rennen

GP Österreich (Zeltweg) 1975, mit Udo Jürgens

GP Deutschland (Nürburgring) 1975

McLaren; Lauda gewinnt schon das dritte Rennen in Long Beach. 1984 folgt der dritte WM-Titel mit McLaren-Porsche. 1985 dann sein endgültiger Rücktritt vom Rennsport. Die Lauda Air operiert mittlerweile mit zwei BAC 1-11, ab 1986 schon mit je einer Boeing 737-200 und -300. Die AUA bekämpft ihn als Konkurrenten, doch Lauda wehrt sich erfolgreich. 1988 eröffnet er den Liniendienst nach Australien mit einer Boeing 767.

GP Deutschland (Nürburgring), lange Zeit einsam in Führung, dann Reifenschaden und zweiter Platz hinter Reutemann

1990 wird die Lauda Air an der Wiener Börse notiert.
1991: Absturz der „Mozart“ 767 über Thailand. Alle 223 Insassen finden den Tod. Lauda treibt die Untersuchungen voran. Als Ursache wird ein technischer Defekt diagnostiziert, für den Boing verantwortlich war. 1993 beteiligt sich Lufthansa mit 26,4% an Lauda Air, 1994 stockt Lufthansa auf 39,6% auf, Lauda ist nebenbei als Ferrari-Repräsentant und -Berater tätig.

GP Schweden (Anderstorp) 1975, Sieger

GP Österreich (Zeltweg) 1975

GP England (Brands Hatch) 1976

1996 ist die Lauda Air auf dem Höhepunkt: Mit 1200 Mitarbeitern bedient sie 23 Linienrouten plus 50 Charter-Destinationen. 1997 erleidet Lauda eine schwere Nierenerkrankung als Spätfolge seines Feuerunfalls. Er bekommt eine Niere von seinem Bruder transplantiert. 1998 bis 1999 zieht sich Lufthansa zurück, Lauda trifft daraufhin ein Abkommen mit der AUA. Lauda ist kein Ferrari-Berater mehr wegen Meinungsverschiedenheiten mit Rennleiter Jean Todt. Lauda ist Studioexperte bei RTL bei den F1-Übertragungen. Im Jahr 2000 wird Lauda vom Mehrheitsaktionär der Lauda Air verdrängt. 2001 wird er Sportchef von Jaguar. Er ist ein Weltstar, bekannter als Michael Schumacher und mit seiner eigenen Art, mit Popularität umzugehen: „Es wäre mir viel lieber, wenn ich nicht erkannt werden würde. Ich kann nämlich noch nicht einmal in der Not in der Nase bohren,

GP Deutschland (Nürburgring) 1976, mit Clay Regazzoni

ohne dass mir jemand einen Vorwurf machen würde. Ich muss immer darauf achten, mich anständig zu benehmen. Wenn ich am Pissoir stehe, gibt es Leute, die sehen mich und wollen mir die Hand geben, ich bin aber am Pinkeln. Das ist natürlich nicht so einfach. Ich habe also gelernt, mit der linken Hand zu pinkeln, um den Leuten auch dabei noch die Hand geben zu können. Würde ich sagen, könnten Sie bitte warten,

Im springenden Ferrari 1976 auf der Nordschleife

Nürburgring 1976, Konzentration vor dem Start, wenige Minuten vor dem Feuerunfall

GP Österreich (Zeltweg) 1977, Start aus der Pole

bis ich hinauskomme, mir die Hose zugemacht habe, sagt der am Ende noch, der Lauda ist arrogant und blöd." Lauda hat ebenso seine eigene Art, mit seinen Schicksalsschlägen unzugehen: „Der Glaube an Gott löst keine Probleme. Es ist Schwachsinn zu glauben, der Kirchgang oder die Beichte können helfen. Meine Philosophie ist, dass irgendjemand, vielleicht der liebe Gott, uns eine breite Straße vorgegeben hat, aber die Straße müssen

Mit Chefmechaniker Ermanno Cuoghi

GP Italien (Monza) 1977, mit lädiertem Frontflügel

GP Frankreich (Le Castellet) 1978

wir selbst begehen. Uns werden Aufgaben gestellt, die wir dann lösen müssen. Denn sonst könnte ich mir nicht erklären, dass eine kleine Lauda Air, die mit zwei neuen 767 operiert, dazu auserkoren wurde, dass die Schubumkehr aufgeht, 223 Menschen darauf zu Tode kommen, wenn bei anderen Airlines, die mit über 50 dieser Flugzeuge fliegen, die auch noch viel älter waren, nichts passiert. Es muss doch irgendjemand geben,

Vor beiden Ligiers in Monaco 1979

GP Spanien (Jarama) 1978, mit Bernie Ecclestone, dem damaligen Brabham-Teamboss

Mit Porsche-Motorenkonstrukteur Hans Mezger

der sagt, dass der Lauda nun mal damit klarkommen muss, dass ausgerechnet auf einer seiner beiden Maschinen der Konstruktionsfehler auftritt. Das heißt, man kommt immer in Situationen, wo man aus Höhen wieder in Tiefen fällt. Das zumindest ist die Aufgabe, die irgendjemand mir gegeben hat. Der Flugzeugabsturz war meine schlimmste Erfahrung. Denn bei meinen Rennfahrerproblemen konnte ich mir immer sagen, du

Jubel nach der gewonnenen WM 1984

GP Portugal (Estoril) 1984, ein zweiter Platz hinter Alain Prost reicht zum Titelgewinn

bist selber Schuld. Ich habe selbst gewählt, dort zu fahren. Ich kann niemand anderen als mich dafür verantwortlich machen, dass ich am Nürburgring halb verbrannt bin, weil ich mich in das Auto gesetzt habe. Aber warum ich mit dem Absturz konfrontiert wurde, war mir lange Zeit nicht klar. Der Absturz hat mich deshalb so fertig gemacht, weil ich Passagiere, die sich bei mir ein Ticket gekauft haben, nicht sicher zum Zielort gebracht habe. Den Vorteil, den ich natürlich habe, ist, durch meine Erfahrung mit allen Höhen und Tiefen, damit umgehen zu können. Der Nürburgring-Unfall war ein Grenzgang meines Lebens, der mir danach geholfen hat. Denn ich konnte mir immer wieder sagen: Das hast du geschafft, schlimmer kann es nicht mehr kommen, also schaffst du alles andere auch." Deshalb hat er auch nie einen Manager gehabt: „Ich brauchte nur einen Steuerberater und einen Anwalt – und die konntest du überall kaufen. Den Rest habe ich selbst gemacht, weil für mich der direkte Kontakt wichtig war. Die Manager behindern heute die Entwicklung der Fahrer. Wenn die jungen Fahrer alles selbst machen müssten, würden sie sich in jeder Beziehung besser entwickeln. Die Manager beten den Fahrern heute doch alles vor. Die quasseln alles nur nach." Lauda lebt immer für das Hier und Heute, nach wie vor: „Ich schaue nicht zurück. Ich muss

GP England 1993, mit Todt und Postlethwaite

für heute und morgen entscheiden. Deshalb habe ich auch keine Pokale zu Hause rumstehen. Das bringt mir nichts. Es hilft mir gar nichts, wenn ich mir einrede, ich bin dreimaliger Formel-1-Weltmeister. Die Erfahrung des Sportlers allerdings nutzt mir in allem, was ich tue. Die Überschrift wäre: Du kommst am kürzesten zu deinem Ziel, wenn du immer ehrlich zu dir selbst bist. Und man muss sich immer weiterentwickeln, nie auf der Stelle treten."

GP Italien 1994, mit Gerhard Berger

GP San Marino 2001, Entscheidungsträger bei Jaguar

GP Deutschland (Nürburgring) 1973

GP Deutschland 1974, im Pflanzgarten

Jochen Mass

* 30.9.1946

Immer gut, aber nie ganz oben

Der Bad Dürkheimer fuhr erst zur See, bis er seine Liebe und sein Talent für Automobile entdeckte. Tourenwagen dienten ihm nur als Sprungbrett. 1973 gab er sein Debüt in Silverstone auf einem Surtees. Seine große Zeit hatte er

GP Deutschland (Nürburgring) 1973

GP Frankreich (Le Castellet) 1975

GP Schweden (Anderstorp) 1975

GP Zeltweg 1975, Fahrt zur Startaufstellung

GP Spanien (Montjuich) 1975, nur halbe Punktzahl nach Rennabbruch: sein einziger Sieg auf McLaren-Ford

GP Monaco 1975, Späße mit Mike Hailwood

GP Deutschland (Nürburgring) 1975

GP Frankreich 1975, Platz 3

GP Frankreich (Dijon-Prenois) 1977

1975 und 1976 im McLaren, als Teamkollege von Weltmeister James Hunt. 1975 gewann er den Großen Preis von Spanien als Abbruchsieger – ausgerechnet sein Freund Rolf Stommelen hatte mit einem Unfall dafür gesorgt. Nach 105 Rennen beendete Jochen Mass 1982 seine Grand-Prix-Karriere. 71 WM-Punkte weist sein Konto auf. Bis Michael Schumacher war er lange Zeit der erfolgreichste deutsche Formel-1-Pilot.

GP Frankreich (Le Castellet) 1976

GP Monaco 1976

GP Monaco 1977: Platz vier

GP England (Brands Hatch) 1978, das Jahr bei ATS bringt Jochen kein Glück

GP Monaco 1979, Kampfeinsatz im Arrows-Ford

Ein 4. Platz beim GP Monaco 1980 ist die beste Platzierung in zwei Jahren bei Arrows. Rechts Alan Rees

GP Frankreich (Dijon-Prenois) 1979

GP Deutschland (Hockenheim) 1980

GP Monaco 1980

GP Monaco 1974, im March-Ford

GP Österreich 1975, 4. Startplatz, Unfall im Regen

GP Frankreich (Dijon-Prenois) 1974

Hans-Joachim Stuck

* 1.1.1951

Die bayerische Frohnatur

„Strietzel", wie ihn seine zahlreichen Fans nennen, ist mit Autorennen aufgewachsen. Sein Vater Hans war ein bekannter und erfolgreicher Rennfahrer. Kein Wunder, dass der talentierte Bayer, der sich in der Formel 2 den Beinamen „König von Hockenheim" verdiente, schon mit 23 Jahren in der Formel 1 debütierte. Ohne den ganz großen Erfolg zu landen, blieb er ihr bis 1979 treu. Dann beendete er nach 74 Rennen und 29 WM-Punkten seine Formel-1-Karriere. Immerhin stand er als Dritter zweimal auf dem Treppchen: 1977 mit einem Brabham-Alfa in Hockenheim (wo sonst?) und Zeltweg.

GP Deutschland (Hockenheim) 1977, Freude über seinen dritten Platz

Im Brabham-Alfa Romeo auf dem Hockenheimring 1977

GP Monaco 1978, glückloses Jahr im Shadow

GP Monaco 1979, letztes Formel-1-Jahr mit dem defektanfälligen ATS

GP Monaco 1978

GP Österreich 1975, mit Teammanager v. Osterroth

GP Österreich 1975, Ausfall im Regenrennen

Harald Ertl

* 31.8.1948, † 7.4.1982

Gegen jede Chance

Markant war er, und er fiel auf: durch sein Markenzeichen, einen Schnurrbart, der selbst dem alten Kaiser Wilhelm zur Ehre gereicht hätte. Ertl, immer offen und sympathisch, besaß neben seinen unbestrittenen rennfahrerischen Qualitäten die zu dieser Zeit noch nicht so weit verbreitete Fähigkeit, sich selbst zu vermarkten und Sponsoren aus der Industrie für seine Projekte zu begeistern. Deshalb brachte er das Kunststück fertig, einen Hesketh von 1975-1977 immer wieder an den Start zu bringen. Er fuhr, wie der Österreicher Hans Binder, in der hinteren Liga – materialbedingt. In seinen 19 Formel-1-Rennen hatte er nie ein Top-Auto. 1976 am Nürburgring stand er für Momente im Rampenlicht: Als einer der Ersten war er am brennenden Ferrari von Niki Lauda stehen geblieben und machte bei der Rettungsaktion mit. 1978 entging ihm in Hockenheim ein WM-Punkt nur knapp durch einen motorbedingten Ausfall. Sein anderes großes Hobby neben dem Rennsport wurde ihm später zum Verhängnis: Er starb bei einem Flugzeugabsturz in der Nähe von Mannheim.

GP Deutschland (Nürburgring) 1976, im Training am Pflanzgarten

GP Deutschland (Hockenheim) 1978, kurz vor Ende des Rennens im Ensign-Ford ausgefallen, aber noch als Elfter gewertet

GP Deutschland (Hockenheim) 1980

GP Deutschland 1980, im ATS ...

... Enttäuschung über die Nichtqualifikation

GP Deutschland 1980, im Training

GP Österreich (Zeltweg) 1976, Formel-1-Debüt des Dr. Marko-Schützlings auf Ensign

GP Österreich (Zeltweg) 1976

Hans Binder

* 12.6.1948

Aus hartem Holz

Der „schnellste und brutalste Zirkus der Welt“, wie Niki Lauda die Formel 1 einmal beschrieben hat, macht seine eigenen Gesetze. Eines davon: Sei nie zur falschen Zeit am falschen Platz. In zwei Jahren fuhr der Österreicher 13 Formel-1-Rennen, aber wer erinnert sich schon daran? Es war 1976 und 1977, als Österreich und die übrige Formel-1-Welt Niki Lauda zu Füßen lag. Binder mühte sich im ersten Jahr auf Ensign ab und stieg 1977 auf Surtees um. Punkte gab es keine, wie auch? Die Autos waren im Prinzip Vorjahresautos. Der Erfolg bestand darin, sich überhaupt für die Rennen zu qualifizieren. Nur einmal (Monza 1977) gelang ihm das nicht. Heute ist Hans Binder ein erfolgreicher Holzindustrieller.

GP Österreich (Zeltweg) 1978, ATS, mit Teamchef Schmid

GP USA-West (Long Beach) 1977, Platz elf im Surtees-Ford

GP Deutschland (Hockenheim) 1980

GP Deutschland 1980, 1 Runde Rückstand, Platz 12

GP Deutschland 1980, mit Schmid und Jo Ramirez

Marc Surer

* 18.9.1951

Das Stehaufmännchen

Der Schweizer gab sein Debüt beim Großen Preis der USA 1979 auf einem Ensign-Ford. Er war in Deutschland deshalb bekannt, weil er dem BMW-Nachwuchsprogramm angehörte und an der Seite von Manfred Winkelhock und Eddie Cheever schon in der Rennsportmeisterschaft für Furore gesorgt hatte. Mit BMW wurde er zudem 1979 Formel-2-Europameister – was sein Talent für einsitzige Rennwagen demonstrierte. Nie allerdings war es ihm vergönnt, auf Formel-1-Autos zu fahren, die seiner Begabung entsprachen. Nach einem schrecklichen Unfall bei der Hessen-Rallye, bei dem sein Beifahrer verbrannte, beendete er 1986 seine Formel-1-Karriere. In 82 Rennen sammelte er 17 Punkte und fuhr beim Regenrennen in Brasilien 1981 sogar einmal die schnellste Runde. Bei zwei schweren Testunfällen auf einem ATS in zwei aufeinander folgenden Jahren in Südafrika zog er sich so schwere Beinbrüche zu, dass die Folgen noch heute für jeden ersichtlich sind – als gefragter Premiere-Kommentator zieht er bei seinen zahlreichen Gängen durch das Fahrerlager das rechte Bein immer noch ein wenig nach.

GP Italien (Imola) 1980, Ausfall durch Motorschaden

GP Deutschland 1983, im Arrows-Team unter Wert geschlagen

GP Holland (Zandvoort) 1984, Arrows-BMW

GP England (Brands Hatch) 1984

GP Holland (Zandvoort) 1984, Ausrutscher im Training

GP Deutschland (Hockenheim) 1985

GP Holland (Zandvoort) 1985, Lauda im McLaren und Surer im Brabham

GP Frankreich (Le Castellet) 1985, im Brabham-BMW als Teamkollege von Nelson Piquet

GP von England (Brands Hatch) 1982

Manfred Winkelhock

* 21.2.1949, † 12.8.1985

Besser als seine Autos

Der Waiblinger debütierte 1980 in der Formel 1. Nie hatte er seinem Talent entsprechendes adäquates Material zur Verfügung. Er fuhr Arrows, ATS und RAM, alles Wagen aus dem hinteren Mittelfeld. Dennoch gewann er in 47 Rennen zwei WM-Punkte. Ein Reifenplatzer beim Sportwagen-WM-Lauf in Mosport kostete ihn das Leben. Mit Winkelhock und Bellof starben 1985 innerhalb von drei Wochen die zwei besten deutschen Rennfahrer jener Zeit. Heute ist sein Sohn Markus vielversprechender Newcomer in der deutschen Formel 3 und wurde Rookie des Jahres 2001.

Ausfall nach Differenzialschaden am ATS beim GP Monaco 1982

BMW-Turbo Power 1983, hier mit Günther Schmid

Trainingspause beim GP USA-West in Long Beach 1983

GP Belgien (Zolder) 1984, ATS-BMW

GP Monaco 1984, ATS-BMW

Einzige Fahrt im Brabham-BMW in Portugal (Estoril) 1984

GP Frankreich (Le Castellet) 1985, unterlegene Fahrt im RAM-Hart

GP Portugal (Estoril) 1985

GP Frankreich (Dijon-Prenois) 1984, selbstbewusster Blick in die Zukunft

GP England (Brands Hatch) 1984

Stefan Bellof

* 20.1.1957, † 1.9.1985

Only the good die young

Der Gießener galt als eines der größten Talente im Motorsport überhaupt. In der Formel 2 und bei Porsche erzählt man sich heute noch Geschichten über die schier unfassbare Fahrzeugbeherrschung und den Speed Bellofs. Sein Debüt 1984 in der Formel 1 war spektakulär: Schon im sechsten Rennen hätte er im Regen von Monte Carlo mit dem unterlegenen Tyrrell fast gewonnen – hätte Rennleiter Jacky Ickx nicht das Rennen abgebrochen, als Bellof auf der Jagd nach den Führenden Alain Prost und Ayrton Senna war. Später wurden technische Regelwidrigkeiten des Tyrrell-Teams festgestellt und Bellofs WM-Punkte gestrichen. Ein Ferrari-Vertrag war schon unterschrieben,

GP Frankreich (Dijon-Prenois) 1984

GP Monaco 1984, Konzentration vor dem Start

GP Monaco 1984

GP Monaco 1985 im Tyrrell-Ford

Beim abgesagten GP Belgien im Frühjahr 1985

GP Portugal (Estoril) 1985

als das Schicksal den erst 27-Jährigen aus dem Leben riss: Mit einem Porsche verunglückte er in Spa beim Rennen zur Sportwagen-WM tödlich. Er hatte versucht, Lokalmatador Jacky Ickx vor der gefährlichen Eau-Rouge-Kurve zu überholen. Ickx gab nicht nach, die Autos berührten sich, Bellof starb an der Mauer. Nach nur 20 Rennen (mit vier WM-Punkten) war seine Formel-1-Karriere jäh beendet.

GP Belgien (Spa) im Herbst 1985, Trauer der Fans

Gerhard Berger

* 27.8.1959

Der letzte Mohikaner

Schon als Fahrer war Gerhard Berger einer mit Charisma, dessen Worte Gewicht hatten. Als Fahrer galt er als einer der Schnellsten, mit seinem bunten Lebensstil auch als einer der letzten seiner Zeit. Sein Sieg in Hockenheim 1997, der letzte von zehn, war eines der größten Comebacks der Formel-1-Geschichte. Kein Wunder, dass BMW sich seiner Erfolge und seines Wissens erinnerte und ihn 1999 als Motorsport-Direktor engagierte. Berger, verheiratet mit Ana, zwei Töchter, Christina und Sarah, wurde am 27.8.1959 in Wörgl (Tirol) geboren. Seine Erfolge: 210 GP-Rennen, 12 Pole Positions, 10 Siege, 20 schnellste Runden, dreimal WM-Dritter. „Vielleicht liegt es daran", versucht Berger seine Beliebtheit zu erklären, „weil ich im Grunde ein emotionaler Mensch bin und immer versuche, ehrlich zu sein. So etwas merken die Leute." Einen anderen, wahrscheinlich entscheidenden Grund erwähnt Berger nicht: Legenden werden von Ereignissen gestrickt, je schicksalsträchtiger, desto besser. Und Berger hat viel erlebt. Zuviel

GP Italien (Monza) 1984, zweites Rennen im ATS-BMW, Platz 6

GP Italien 1984, mit Günter Schmid

GP Monaco 1985

GP Deutschland (Nürburgring) 1985, Platz 7 im Arrows-BMW

GP Ungarn 1986, eine überzeugende Benetton-BMW-Saison empfiehlt Berger für Ferrari

GP England 1986, mit Journalist Helmut Zwickl

GP Monaco 1988, Meditation

GP Belgien (Spa-Francorchamps) 1988

GP Spanien (Jerez) 1989, Augen auf zu Platz 2

GP Spanien (Jerez) 1989

GP Kanada 1992, Fußmarsch im Training

GP Portugal (Estoril) 1991, mit Ron Dennis

für die Meisten. Am Anfang seiner Formel-1-Karriere hatte er sich bei einem schweren Verkehrsunfall einen Rückenwirbel gebrochen, nachdem er durch die Heckscheibe geflogen war, und kam trotzdem wieder auf die Beine. Er überwand den fürchterlichen Feuerunfall in Imola. In dieser Saison musste er drei Rennen pausieren, weil er endlich die Kieferhöhlenvereiterung auskurieren musste, die sonst chronisch geworden wäre. Sein Ersatz-

GP Belgien (Spa-Francorchamps) 1990, Vorbereitung zum Start

mann, der junge Alexander Wurz, zu allem Unglück auch noch ein Landsmann von ihm, vertrat ihn erfolgreich. Berger war am Boden, selbst die Hofschreiber kehrten ihm zum größten Teil den Rücken.

Schon ganz unten, fiel er in das nächste Loch. Er verlor bei einem Flugzeugabsturz seinen Vater, der ihm besonders nahe stand. Die, die es gut mit ihm meinten, rieten ihm jetzt aufzuhören, doch was tat Berger? Er kam nach Hockenheim und gewann. Nachdem er vorher noch verkündet hatte, er werde das Benetton-Team verlassen. Ein „Totgesagter" stand wieder mitten im Leben, stolzer als je zuvor, und weckte auch diejenigen auf, die nicht an Wunder glauben wollten. Ein Sieg voller Trotz und Tristesse, auch ein Sieg über die normalen Gemeinheiten des Lebens.
Der Gute bezwang das Böse.
Kein Drehbuchautor hätte sich je

GP Kanada 1992, Sieger vor Schumacher

GP Kanada (Montreal) 1992

GP Pazifik (Aida) 1994

getraut, eine solche Story zu schreiben. Aber nichts ist zum Glück trivialer als das Leben.

„Ich war immer schon jemand gewesen, der aus einem Gefühl heraus handelt“, sagt Berger. „Ich bin zu Ferrari gegangen, obwohl die Logik gesagt hätte, geh' lieber zu Williams. Doch meine Liebe, mein Gefühl gehörten halt Ferrari. Ich bin schon eine Art bunter Vogel in dieser ganzen Materie. Aber kein bunter Vogel, der sich selbst diese Probleme macht, sondern der vom Schicksal herausgefordert ist. Die ergaben sich einfach. Ich kann doch nichts dafür, dass mein Vater mit dem Flugzeug abstürzt. Ich habe doch auch nicht beeinflusst, dass mir damals bei 300 in Imola der Frontflügel des Ferrari brach. Mein Leben, nicht nur im Rennsport, ist immer wieder von absoluten Tiefs gekennzeichnet. Aber ich habe gelernt, damit umzugehen. Knallhart gesagt, ist es doch genau

GP Kanada (Montreal) 1993

GP Monaco 1995, Startunfall mit Teamkollege Jean Alesi und David Coulthard im Williams-Renault (vorne)

das, was die Leute gerne sehen wollen. Denn dadurch können sie, im Kleinen, ihre eigenen Probleme in Bezug bringen. So nach dem Motto: Der Berger schafft das alles, das gibt mir Mut. Bei einem ,Computerrennfahrer' geht das nicht so einfach. Den kann man kaum mit sich selbst vergleichen, weil der nichts von sich preisgibt. Die Leute merken bei mir einfach, dass die Last auf meinen Schultern manchmal so groß ist, dass auch ich denke, es kann nicht mehr weitergehen. Und dann geht es eben doch."

Warum war er aber nie Weltmeister? Berger: „Wenn man zurückdenkt, findet man relativ einfach Antwort auf Fragen. 1987 war ich eigentlich in der zweiten Saisonhälfte mit dem Ferrari so gut wie unschlagbar. Dennoch habe ich nur zwei Rennen gewonnen. Wahrscheinlich, weil mir damals die Erfahrung und auch ein wenig Disziplin fehlte. Trotzdem, jedem geht

GP Deutschland (Hockenheim) 1994, vor dem Start mit Ferrari-Teamchef Jean Todt

GP Deutschland (Hockenheim) 1997, Bergers letzter Sieg vor Schumacher und Häkkinen

es doch so, auch dem, der Weltmeister wurde: er würde in der Vergangenheit immer Punkte finden, die er hätte besser machen können. Im Rückspiegel betrachtet, habe ich immer versucht, mein Möglichstes zu tun. Ob es das auch war, bleibt dahingestellt. Ich bin so geboren, war immer ich selbst und habe viele Erfolge gehabt. Nur leider bisher noch keine Weltmeisterschaft. Im Rückspiegel sehe ich einen lockeren, lustigen, etwas faulen Typen, der mit nichts was am Hut hat. Aber nur auf den ersten Blick. Auf den zweiten Blick bin ich jemand, der hinter seinen Interessen her ist und hart für sie arbeitet."

Gerhard Bergers gewonnene Grand Prix verteilen sich auf die Jahre 1986 bis 1997: GP Mexiko 1986, GP Japan 1987, GP Australien 1987, GP Italien 1988, GP Portugal 1989, GP Japan 1991, GP Kanada 1992, GP Australien 1992, GP Deutschland 1994, GP Deutschland 1997.

GP Deutschland (Hockenheim) 1997, Ehrenrunde

Ab 2000 Sportdirektor bei BMW-Williams

GP Belgien 1985, Debüt auf Zakspeed

Christian Danner

* 4.4.1958

Zu intelligent für die Formel 1

Sein Problem: Er war zu intelligent für Formel-1-Rennen. Was heißt: Der Kopf regiert über den Instinkt. Dennoch wollte der talentierte Münchner, der in der Formel 3000

GP San Marino (Imola) 1986, Osella-Ford

GP Frankreich (Le Castellet) 1986

GP Deutschland (Hockenheim) 1986, in der 2. Saisonhälfte Ersatz für Marc Surer im Arrows-BMW-Team

GP Frankreich (Le Castellet) 1986

GP Spanien (Jerez) 1986

die Europameisterschaft gewann, sein Glück versuchen. In 36 Rennen sammelte er mit oft drittklassigen Autos vier Punkte. Das Highlight war ein vierter Platz mit einem frustrierenden Rial in Phoenix, der ihm viel Lob eingebracht hatte. Genutzt allerdings für seine Karriere hat ihm das nicht viel. Er kann gut damit leben. Christian Danner blieb der Szene bis heute als kompetenter Fernsehkommentator beim Privatsender RTL erhalten.

GP England 1986, Aus nach Massenkarambolage

GP Italien (Monza) 1987

Keine erfolgreiche Saison 1987 mit Zakspeed, hier beim GP Belgien in Spa-Francorchamps

GP Brasilien (Rio de Janeiro) 1989, Danner konnte sich mit dem Rial nur viermal für einen GP qualifizieren

GP Deutschland (Hockenheim) 1989

GP Brasilien (Rio de Janeiro) 1989, Trainingsunfall im Zakspeed

GP Brasilien (Rio de Janeiro) 1989

GP USA 1990, Teamkollege von Alboreto

GP USA in Phoenix 1990, Platz 10 im Arrows-Ford, die einzige Zielankunft in diesem Jahr

Bernd Schneider

* 20.7.1964

Ein Jahr zu früh

Der in Saarbrücken geborene Bernd Schneider könnte sein Schicksal verfluchen. Ein Jahr zu früh wurde er 1987 deutscher Formel-3-Meister. Hätte er noch zwei Jahre gewartet, Schneider wäre ins Mercedes-Junior-Programm gerutscht, das mit Michael Schumacher, Heinz-Harald Frentzen und Karl Wendlinger drei Formel-1-Fahrer herausbrachte. So kam Schneider zu früh in die Formel 1. Er fuhr 1988 mit einem unterlegenen Zakspeed und konnte sich nur viermal für ein Rennen qualifizieren. Ein Jahr darauf sogar nur zweimal. 1990 hatte er noch einmal die Gelegenheit, zwei Rennen – unter anderem den Grand Prix der USA in Phoenix – im Footwork Arrows zu bestreiten, als sich das Team gerade an einem Tiefpunkt befand. Das war schließlich das endgültige Ende der Formel-1-Karriere von Bernd Schneider. Er fuhr dann in der Sportwagenserie IMSA (für das Joest-Team), ehe er 1992 zu AMG Mercedes nach Stuttgart ging und seither dort als der schnellste und konstanteste Tourenfahrer gilt. Bernd Schneider hat inzwischen sämtliche DTM- und ITC-Titel mehrfach gewonnen.

GP USA (Phoenix) 1990

Monaco 1989, im hoffnungslos unterlegenen AGS-Ford

J. Winkelhock

* 24.10.1960

Der Bruder Manfreds versuchte sich als amtierender Formel-3-Meister 1989 in der Formel 1. Doch auf einem schwachen AGS scheiterte er bei sieben Trainings in der damaligen Vorqualifikation. Heute gilt Joachim als einer der erfolgreichsten deutschen Tourenwagen-Piloten.

GP San Marino (Imola) 1989

Volker Weidler

* 18.3.1962

Big in Japan

Volker Weidler kam zum falschen Zeitpunkt mit dem falschen Team in die Formel 1. 1989 scheiterte er mit dem Rial-Ford achtmal in der Vorqualifikation. Danach ging er frustriert nach Japan, wo er ein großer Star wurde. Unter anderem gewann er mit Mazda die „24 Stunden von Le Mans“. Eine schwere Ohrenkrankheit zwang ihn 1992, seine Motorsportkarriere zu beenden. Weidler machte sich danach für den damals arbeitslosen Heinz-Harald Frentzen stark, der sein Cockpit in der japanischen Formel 3000 auch wirklich bekam. Wie man weiß, nutzte Frentzen Weidlers Auto als Sprungbrett, um in die Formel 1 zu kommen.

GP Spanien 1988, mit Günther Schmid

GP Ungarn (Hungaroring) 1989, Verzweiflung in der Vorqualifikation

GP Deutschland (Hockenheim) 1989, Training

Michael Bartels

* 8.3.1968

Ein Wille, aber kein Weg

Am bekanntesten wurde der Plettenberger durch seine jahrelange Liaison mit Steffi Graf. In der Formel 1 brachte Bartels, der im Schatten von Schumacher und Frentzen stand, nichts zuwege. Mit einem drittklassigen Lotus konnte er sich 1991 viermal nicht qualifizieren.

GP Deutschland (Hockenheim) 1991, vor dem ersten Lauf zur Qualifikation

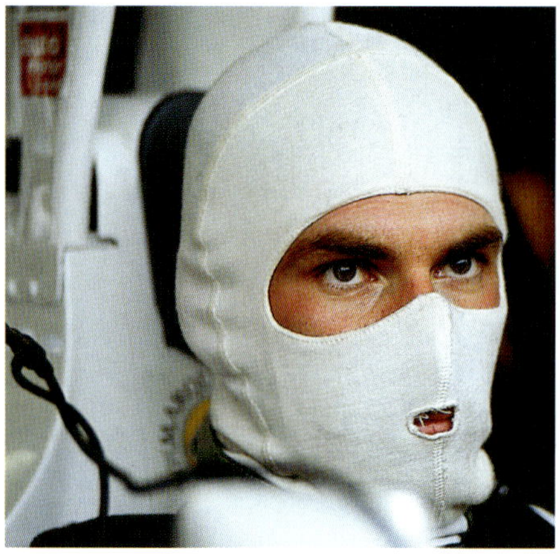

GP Deutschland (Hockenheim) 1991

GP Spanien (Barcelona) 1991. Als Teamkollege des späteren Weltmeisters Mika Häkkinen hatte Bartels im unterlegenen Lotus-Ford keine Chance

GP Spanien (Barcelona) 1991, Crash im Training

GP Spanien 1991

Michael Schumacher

* 3.1.1969

Superstar wider Willen

Michael Schumacher hat es im Laufe der Jahre gelernt, sein Privatleben wie einen Schatz zu hüten. Und er nimmt seine professionelle Maske nur noch ab, wenn er zu Hause ist. Wie hat man ihn nicht schon beschrieben: „Der berühmteste Rennfahrer der Welt betrachtete mich mit seinen hellbraunen Kampfflieger-Augen," schrieb beispielsweise Kolumnist John Hamilton in einer Ausgabe der Melbourner „Herald Sun" während eines australischen Grand-Prix-Wochenendes, „und der eiskalte Rote Baron gab sogar zu, sich ab und an zu fürchten." Nicht nur für den Australier ist Michael Schumacher der Superstar der Formel 1.

GP Belgien (Spa-Francorchamps) 1991, der Jordan-Fahrer Schumacher mischt die Formel 1 neu auf

GP Belgien (Spa-Francorchamps) 1991

Blick auf den Zeitenmonitor: Startplatz 7 und Teamkollege de Cesaris um 0,7 Sekunden deklassiert

Nach nur einem Rennen (Kupplungsschaden und Ausfall in der ersten Runde) wird Schumacher aus dem Vertrag gesprengt und wechselt zu Benetton

Dabei ist sein Auftreten mit den Klischees behaftet: unnachgiebig, unnahbar, unnatürlich. Für die Italiener ist er im Erfolgsfall ein fast überirdisches Wesen, das „übers Wasser laufen kann", wenn es regnet, und dessen Tonbandstimme einen Jungen aus dem Koma erwachen lässt. Beim Misserfolg wird er schnell zum Teufel gemacht, der zuviel Geld verdient und kein Herz hat. Das alles wurde schon berichtet. Michael Schumacher selbst versteht am wenigsten, warum man ihn auf ein Podest stellt, „ich tue schließlich nur das, was ich am besten kann". Schumacher würde am liebsten nicht berühmt sein, nicht leben müssen wie unter dem Brennglas. Es fällt ihm schwer zu akzeptieren, dass er eine Person des öffentlichen Interesses ist und danach beurteilt wird. Spricht man ihn darauf an, dass er im Moment der einzige Weltstar ist, den Deutschland in der Sportszene noch zu bieten hat, verdreht er

GP Italien (Monza) 1991, mit Brigitte Nielsen

GP Südafrika (Kyalami) 1992

GP England (Silverstone) 1992

GP Spanien (Barcelona) 1992, Platz 2

GP Europa (Donington) 1993, Schumacher muss den späteren Sieger Ayrton Senna im Regen passieren lassen

GP Brasilien (São Paulo) 1993

ungläubig die Augen. Viel lieber erinnert er sich an sein Debütrennen in Spa 1991, als er völlig unbekümmert in seinem grünen Overall durch das Fahrerlager lief. Er war überhaupt nur an der Strecke, weil er erst von unterwegs aus einen Kumpel angerufen hatte, der ihm den Weg erklärt hatte. Die etablierten Fahrer hielten ihn in seinem geliehenen grünen Overall noch für einen Mechaniker und wussten erst, wer er war, als sein Name in den Zeitenlisten über ihren stand. Seitdem hat er über 1000 Interviews gegeben, und ihm fällt spontan keine Frage ein, die ihm noch nicht gestellt worden ist. Er erinnert sich noch gut, „dass ich damals völlig sicher war, der Gleiche zu bleiben, der ich war. Mit den gleichen Gewohnheiten, den gleichen Vorlieben und dem gleichen Wohnort in Kerpen-Manheim. Ich war naiv, das zu glauben.“ Schon ein Jahr nach seinem Debüt musste er nach Monte Carlo zie-

GP Belgien (Spa-Francorchamps) 1993, Champagner-Dusche von Sieger Damon Hill

hen, „weil ich überhaupt kein Privatleben mehr hatte. Fans kamen sogar in mein Wohnzimmer und wollten mit mir grillen." Doch selbst in Monaco wurde es ihm nach drei Jahren zu eng. Deshalb zog er in die Schweiz, in ein idyllisches kleines 450-Seelen-Dorf, Vufflens-Le Chateau, zehn Kilometer vom Genfer See entfernt, mit Blick auf die Savoyer Alpen. Im Winter flüchtet er in sein Haus in Norwegen, weil er dort nicht von Touristen mit Camcordern verfolgt wird. Seine wahre Trutzburg aber ist das Haus in Vufflens, das 15 Zimmer hat und gar nicht so protzig ausschaut, wie man sich das bei einem „König", der freiwillig ins Exil gegangen ist, vorstellt: Ein kleiner Steinweg führt zum Anwesen, ein großes Tor verhindert zwar den Einlass, aber, immerhin, es gibt eine Klingel ohne Namensschild. Dort lebt er zurückgezogen, aber glücklich wie ein Eremit mit Corinna, den beiden Kindern, den drei Hunden, einer

GP Frankreich (Magny-Cours) 1993

Menge Hühnern mit dazugehörigem Hahn und zwei Angestellten von den Philippinen, die sich um Haus und Hof kümmern, besonders wenn die Schumachers unterwegs sind. Wenn Michael zu Hause ist, ist er nicht der Rennfahrer, der sich ständig selbst beobachten muss und zum Schutz eine undurchdringliche Maske aufgesetzt hat. Aus dem professionellen Weltmeister Schumacher wird der Michael, genau genommen, der „Michel“ aus dem Rheinland, der in guter alter Kerpener Tradition auch dem Hochdeutsch der Rennstrecke adieu sagt und bei einem kleineren Problem schon mal in seinen rheinischen Slang verfällt. Zu Hause ist er Familienvater und Hobbyfußballer, der zwar mit dem Ferrari zum Training und Spiel fährt, aber im Grunde „so ist wie jeder normale Mensch in meinem Alter, der Familie hat, einen Job ausübt und etwas aus seiner Freizeit machen will“.Er bittet wie jeder Gastgeber herein,

GP Pazifik (Aida) 1994, mit Benetton-Chef Briatore

GP Kanada (Montreal) 1994, mit Jean Alesi

GP Brasilien (São Paulo) 1994

GP Europa (Jerez) 1994, Pole Position und Sieg

GP Frankreich (Magny-Cours) 1994, mit Jean-Marie Ballestre, dem ehemaligen FIA-Präsidenten

GP Australien (Melbourne) 1994, erster Titelgewinn nach Kollision mit seinem Williams-Rivalen Damon Hill

GP Kanada (Montreal) 1994, der fünfte Sieg im sechsten Rennen der Saison: Schumachers Überlegenheit ist unübersehbar

Schumachers ewige Liebe: der Kartsport

GP Brasilien (São Paulo) 1995

GP Brasilien (São Paulo) 1995, Saisonauftakt nach Maß: Sieg vor Coulthard (links) und Berger

fragt nach einem bestimmten Getränkewunsch und bringt es dann auch noch selbst vorbei. Mehr noch: Er steht sogar am Herd und richtet Bratwürste an, in der Hoffnung, dass seine Frage „Hat's geschmeckt?" positiv beantwortet wird – und das macht ja nun wirklich nicht jeder. Wenn er nicht im Fitnessraum im Keller trainiert, bestimmt die Familie seinen Tagesablauf. Das einzige, was er sich manchmal allein gönnt, sind Ausflüge auf seiner Harley. Stolz, wie Väter eben einmal sind, zeigt er den Besuchern, wie gut Gina schon mit einem Scooter umgehen kann, wie sie im Millimeterabstand an Hindernissen vorbeidriftet und den Lenker wie selbstverständlich in die andere Richtung dreht, wenn das kleine Heck auszubrechen droht. Oder wie furchtlos und vor Vergnügen jauchzend der kleine Mick in einem Mini-Ferrari sitzt, an dem Michael vorne ein Seil angebracht hat, mit dem er den kleinen roten Renner kräftig hinter sich herschleudert. Der spielend stolze Vater passt dann überhaupt nicht in das Bild, das besonders von der englischen und italienischen Presse immer wieder gemalt wurde – er sei ein typischer Deutscher mit allen germanischen Eigenschaften wie Durchsetzungsvermögen und starkem Erfolgswillen, vor dem sie sich in Wahrheit ja eigentlich fürchten, weil er von einer emotionslosen

GP Deutschland (Hockenheim) 1995, Schumacher gewinnt sein Heimrennen

GP Belgien (Spa-Francorchamps) 1995, Sieger nach Regenduell mit Damon Hill

GP Spanien (Barcelona) 1995

GP Spanien (Barcelona) 1995

Logik gelenkt werde. Warum aber in aller Welt, wenn so deutsch, hat der spielend stolze Vater dann aber seinem ersten Sohn einen gar nicht deutschen Namen gegeben? Die Antwort kommt nur für die Klischeereiter unerwartet, denen Schumacher auf den Rennstrecken eben nicht erlaubt, hinter seine Maske zu schauen: „Warum sollte er einen deutschen Namen haben? Da gibt es keinen Grund für. Wir sind sehr international, da kann mein Sohn auch einen englischen Namen haben." Der Umgang mit den Medien ist ein ständiger Kompromiss. Am liebsten würde er gar keine Interviews mehr geben, und alle sollten ihn nur in Frieden lassen. Da das auf Grund seiner Stellung aber nicht möglich ist, versucht er das Beste daraus zu machen. „Am Anfang meiner Karriere habe ich mir verschiedene Interviews von Boris Becker angeschaut und gedacht, wie bei jedem anderen Menschen aber auch, den man beobachtet, das macht er gut, dies gefällt mir weniger. Aber richtigen Nutzen konnte ich nicht daraus ziehen. Denn es gibt keine bessere Lehre, als eigene Erfahrungen umzusetzen. Und bei mir waren die so: Am Anfang ist jeder happy, dass der Junge es geschafft hat. Dann kommt irgendwann der Umkehrschwung nach dem Motto: Jetzt kann er eine auf den Deckel kriegen." Die Natur hat Michael

GP San Marino (Imola) 1995, Start von der Pole Position vor Berger, Coulthard und Hill

GP Spanien 1996, vor dem Start mit Jean Todt

GP Spanien (Barcelona) 1996

GP Frankreich (Magny-Cours) 1997

GP Spanien (Barcelona) 1997

eine unglaubliche Auffassungsgabe mitgeliefert. Als hätte er riesige Schwämme in seinem Kopf, die alles aufsaugen, was wichtig für ihn ist. Er erinnert sich, „dass ich früh gewisse Medien gebeten habe, mich nicht zu hoch zu pushen. Ich kann mich noch an den ersten Artikel im „Kölner Express" erinnern, damals fuhr ich noch Gruppe C im Mercedes-Juniorteam. Da sagte ich dem Schreiber, bitte, mach keinen Terz drum, hebe mich nicht so in den Himmel." Die Situation damals lässt er dabei nicht ganz gelten: Deutschland war zwar immer für die Spitzenqualität seiner Automobile bekannt, aber es gab niemanden, der den deutschen Autofahrer auf der Rennpiste erfolgreich vertreten hat. Man musste sich ja fast schämen, wenn ein Österreicher oder Franzose an der Ampel neben einem stand. Und dann kam Michael. Er war wie ein Messias für den Rennfreak. „Aber diese extreme Wellenbewe-

GP Belgien (Spa-Francorchamps) 1997

GP Ungarn (Hungaroring) 1998, Sieg nach 3-Stopp-Strategie

GP Belgien (Spa-Francorchamps) 1998, Crash mit David Coulthard im Regen

gung musste nicht sein. Sie heben dich in den Himmel und lassen dich dann wieder fallen. Zum Glück half mir mein natürlicher Instinkt, damit umzugehen", sagt Schumacher. Auf der Rennstrecke würde er seinen Job tun und nicht mehr von sich preisgeben als notwendig. Dort lebt er in bestimmten Bahnen, die genauso vorbestimmt sind wie die Kurven, die er fährt. Mag sein, dass deshalb Gerhard Berger einmal gesagt hat, unter den Formel-1-Fahrern gäbe es heute kaum noch Persönlichkeiten. Die meisten Fahrer hätten einfach kein Charisma mehr. Das lässt Michael so nicht gelten, er regt sich sogar darüber auf: „Gerhard ist am Anfang seiner Karriere zu einer Zeit Formel 1 gefahren, da konnte man abends noch einen draufmachen. Man musste nicht so viel trainieren, alles war weniger professionell. Das wurde dann anders, und dass sich unter anderen Voraussetzungen auch andere Charaktere ent-

GP Japan (Suzuka) 1998, nach Aufholjagd und Reifenschaden würdiger Verlierer in der WM

wickeln, ist doch logisch. Man konnte sich früher einfach mehr erlauben. Die Journalisten schreiben heute alles, sie stehen ja nicht in der Öffentlichkeit. Man muss sich doch heute nur mal die Yellow-Press-Landschaft anschauen: Da muss man verdammt aufpassen, und deshalb können sich auch keine große Charaktere im Sinne von Gerhard Berger entwickeln.“ Wichtiger sei für ihn etwas anderes. Noch mehr als Siege und jeder Titel. Die Familie. „Jedesmal, wenn ich von der Rennstrecke nach Hause komme und meine Kinder im Arm halte, sind meine Sorgen und der ganze Ärger dahin. Wenn nicht, sorgt schon Gina dafür. Als ich nach Hockenheim 2000 völlig frustriert war, weil ich das zweite Mal hintereinander nicht die erste Kurve überstanden hatte, sagte Gina nur zu mir: ‚Papi, du hast ja schon wieder im Kies gestanden. So, und jetzt spiel mit mir.‘ Was soll man da noch sagen? Sie hat ja

GP Brasilien (São Paulo) 1999

GP England (Silverstone) 1999

GP Australien (Melbourne) 1999

GP Australien (Melbourne) 1999

GP Kanada 1999, mit Corinna

GP Kanada (Montreal) 1999, Start von der Pole, überlegen in Führung, durch Unfall ausgeschieden

Recht." Michael will seinen Kindern etwas bieten, der Wunsch wohl aller Eltern, und er zieht hierbei die Erfahrungen seiner Kindheit zu Rate. „Es gibt kein Patentrezept. So wie meine Kindheit manchmal kompliziert war, weil wir nicht viel Geld hatten, kann das Leben meiner Kinder kompliziert werden, weil sie eben sehr viel Geld haben", legt er seine Stirn in Falten, während Gina fragt, wann Onkel Ralf mal wieder vorbeikäme, weil der immer so schöne Geschenke mitbringe. Eines weiß er ganz sicher: „Ich erziehe meine Kinder bestimmt nicht in die Richtung, Leistungssportler zu werden. Bei mir hat sich das ja auch irgendwann von selbst entwickelt. Wenn sie später Interesse an Computern oder etwas anderem haben sollten: Gut, dann sollen sie das ausprobieren. Wenn es der Rennsport werden sollte, auch gut. Wichtig ist, die Freiheit zu haben, es selbst entscheiden zu können." Wieder war

GP Deutschland (Hockenheim) 1999, nach seinem Unfall in England, grüßt er die Fans über TV

GP Deutschland 1999, Genesungswünsche der Fans

GP Malaysia (Sepang) 1999, glänzendes Comback nach drei Monaten: Schumacher überlässt Teamkollege Irvine den Sieg und wird Zweiter

GP England (Silverstone) 2000

GP Österreich (A1-Ring) 2000, Weiterfahrt nach Dreher im Qualifying

es so ein Erfahrungswert, der ihn zu dieser Einstellung gebracht hat: „Mit elf habe ich Judo gemacht und bin Kart gefahren. An einem Wochenende musste ich dann eine Entscheidung treffen, weil zwei Veranstaltungen zur gleichen Zeit stattgefunden haben. Kart in Niederkrüchten oder Judo in Köln, das war die Frage. Ich habe mich damals für den Judowettkampf entschieden, aber schon am nächsten Tag gewusst, dass die Entscheidung falsch war ..." Wie aber wäre sein Gefühl, wenn er Ähnlichkeiten bei seinem Sohn feststellte? Beispielsweise, er würde auch mit vier Jahren in einem Kettcar gegen eine Laterne fahren. „Ich würde wahrscheinlich im Innern schmunzeln", sagt Michael spontan, „es wird aber kaum passieren, weil meine Kinder nicht auf Fußwegen das Kartfahren anfangen würden." Es gäbe aber hauptsächlich zwei Gründe, warum er es lieber sähe, dass die Kinder nichts mit Renn-

GP Deutschland (Hockenheim) 2000, Aus nach Startkollision mit Fisichella

GP Deutschland 2000, auf dem Weg zurück zur Box

sport zu tun haben wollten: „Erstens bin ich mir über die Gefahren in meinem Sport bewusst. Das will man bei seinen Kindern nicht haben. Zweitens würden am Anfang meine Kinder immer der Sohn oder die Tochter von Michael Schumacher sein – und nicht Gina-Maria oder Mick. Damit zurecht zu kommen, ist alles andere als einfach. Und ich will nicht, dass meine Kinder in diese Situation kommen. Ich glaube, als Vater und Mutter muss man das richtige Feeling haben, um richtig reagieren zu können. Kinder tun manchmal das Gegenteil von dem, was Eltern wollen, wenn die ihren Standpunkt zu heftig vertreten. Eltern müssen die Geduld und den Mut haben, Kinder Erfahrungen sammeln zu lassen." Dazu gehöre auch die Sache mit den Schulterklopfern. „Zum Glück kommen die gar nicht mehr an mich ran. Ich bin abgeschotteter als damals und damit nicht mehr greifbar. Ich gehe ja auch

GP Italien (Monza) 2000, Sieger vor Häkkinen

GP Italien 2000, Freude und Erleichterung: die Wende im Titelkampf zugunsten Schumachers

GP Malaysia (Sepang) 2000, Festival in Rot: David Coulthard, Ross Brawn, Michael Schumacher und Rubens Barrichello

GP Australien (Melbourne) 2001, der erste von erneut 9 Saisonsiegen

GP Brasilien (São Paulo) 2001

nicht auf irgendwelche Parties oder Veranstaltungen, weil ich es nicht will. Wenn du jung bist und neu in der Szene, dann willst du das Drumherum erst mal kennen lernen, damit du dir ein Bild machen kannst, ob du das willst oder nicht." Michael ist heute jemand, der so viel Geld verdient hat, dass er sich jeden Wunsch erfüllen kann, dazu hat er eine Familie im Rücken, die ihm alles bedeutet. Welche Träume bleiben da noch? Seine Zukunft sieht er für sich in ziemlich klaren Bahnen: „Müssen Träume finanzieller Natur sein? Wir haben doch lange über Familie geredet. Der eine Traum ist, sie zu haben. Aber der nächste ist, dass auch alles in richtigen Bahnen verläuft." Und dafür haben Michael und Corinna schon gesorgt. Als nächstes steht ein Umzug ins Haus. Die Schumachers werden die französische Schweiz verlassen und orientieren sich im deutschen Teil in der Nähe des Bodensees.

GP Spanien (Barcelona) 2001, unerwarteter Sieger nach Häkkinens Ausfall in der letzten Runde

„Gina soll in eine deutschsprachige Schule gehen, und ich will auch wieder näher an meiner Heimat sein", sagt Corinna. Ein Bauernhof mit vielen Tieren, darunter auch Ställe für Corinnas Pferde, wird das endgültige Zuhause werden. Den Traum von einer Farm in Kanada, mitten in der Wildnis, fernab von der Zivilisation, hat er sich abgeschminkt. Aber der Bauernhof in der Schweiz tröstet ihn darüber hinweg. Nach zehn Jahren Formel-1-Rennen jedenfalls ist seine Erfolgsquote beeindruckend: Vier WM-Titel, zwei mit Benetton und zwei mit Ferrari, 53 GP-Siege – Rekord vor Alain Prost (51) und Ayrton Senna (41), 801 WM-Punkte, ebenfalls Rekord, und Rekord-Vorsprung in einer Saison mit 58 Punkten vor dem Zweiten, Coulthard, 2001. Den Vertrag bei Ferrari bis 2004 will er erfüllen. „Und danach kann ich mir vorstellen weiterzufahren", macht Schumacher seinen Gegnern wenig Hoffnung.

GP Belgien (Spa-Francorchamps) 2001

GP Frankreich (Magny-Cours) 2001, Sieg vor Ralf

GP Ungarn (Hungaroring) 2001, WM-Titel Nr. 4

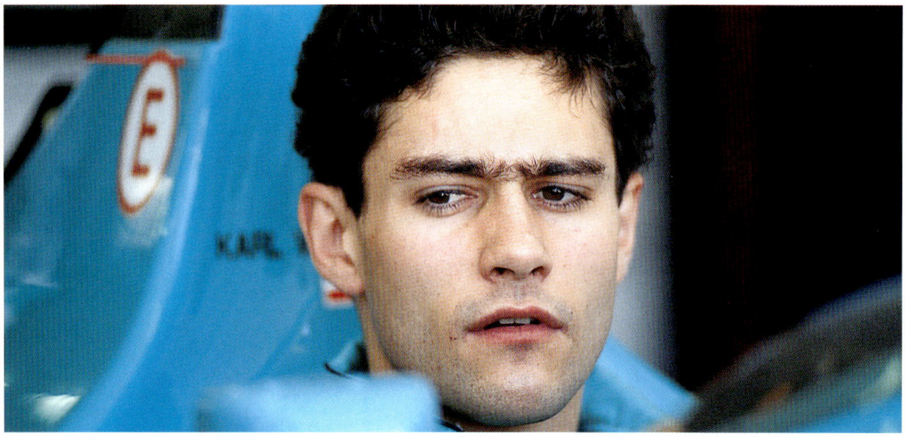

GP Südafrika (Kyalami) 1992, Start in die erste GP-Saison mit March

GP Mexiko (Mexico-City) 1992

Karl Wendlinger

* 20.12.1968

Karl der Große

Karl Wendlinger kam schon als junger Mann daher wie ein alter weiser Indianerhäuptling – er sagte nie viel, aber wenn, dann brachte er immer die Sache auf den Punkt.

GP Deutschland (Hockenheim) 1992, im March-Illmor

GP Kanada (Montreal) 1993, der Sauber-Illmor rutscht in der zweiten Saisonhälfte ins Mittelfeld ab

GP Brasilien (São Paulo) 1993

GP Brasilien (São Paulo) 1993, mit Sauber-Techniker Leo Ress

Der Gewinn der deutschen Formel-3-Meisterschaft vor Frentzen und Schumacher brachte ihn ins Mercedes-Juniorenteam – an der Seite von Schumacher und Frentzen. Er fuhr zwei Jahre mit Sauber-Mercedes in der Gruppe C und parallel dazu im Formel-3000-Team des Österreichers Dr. Helmut Marko, als Mercedes ihm Ende 1991 dazu verhalf, die beiden letzten Saisonrennen in einem March zu fahren. Das war der Formel-1-Einstieg.

GP Monaco 1993

GP Pazifik (Aida) 1994

Und er machte die Sache gut. 1992 blieb er bei March und wechselte ein Jahr später logischerweise zu Sauber, der mittlerweile – von Mercedes unterstützt – in die Formel 1 eingestiegen war. 1994 gehörte er dem jetzt offiziellen Sauber-Mercedes-Team an. An seiner Seite fuhr wieder ein alter Bekannter: Heinz-Harald Frentzen. Neu in die Formel 1 gekommen, war Frentzen einen Tick schneller als der Österreicher. Beim freien Training zum Großen Preis von Monaco 1994 bremste Wendlinger vor der Hafenschikane gut 25 Meter zu spät. Das Auto prallte seitwärts gegen mit Wasser gefüllte Barrieren. Mit schweren Kopfverletzungen kam Wendlinger ins Krankenhaus und lag tagelang im Koma. Sauber hielt sein Versprechen und ließ ihn wieder testen. Doch Wendlinger erreichte nie wieder die Zeiten vor seinem Unfall und sattelte deshalb auf Sport- und Tourenwagen um.

GP Kanada 1994, Wendlinger muss nach seinem schweren Unfall in Monaco pausieren

GP Brasilien (São Paulo) 1995

GP Spanien 1995, der alte Speed ist weg

GP Italien 1995, Wendlinger mit Peter Sauber

GP Brasilien (São Paulo) 1995, Comeback nach dem Monaco-Unfall im Jahr zuvor

GP San Marino (Imola) 1994, Training

GP San Marino (Imola) 1994, Roland Ratzenberger im unterfinanzierten Simtek-Ford, Ausfahrt Boxengasse

Roland Ratzenberger

* 4.7.1962, † 30.4.1994

Tod in Imola

Roland Ratzenberger arbeitete sich über die Formel-Ford hoch und landete schließlich in Japan, wo er in der Formel 3000 ein Star wurde. Dort lernte er auch Heinz-Harald Frentzen kennen, mit dem er eng befreundet war. 1994 erfüllte sich für Ratzenberger sein großer Traum: Er wurde Formel-1-Fahrer. Dass sein Simtek nicht konkurrenzfähig war, störte ihn dabei wenig. Nach einer Nichtqualifikation in Brasilien und einem elften Platz in Aida wurde ihm ein brechender Frontflügel beim Abschlusstraining in Imola zum Verhängnis: Er verunglückte tödlich, einen Tag bevor Ayrton Senna den Tod fand.

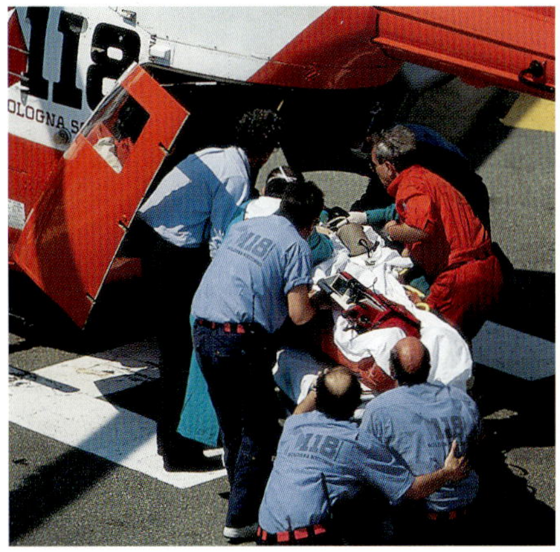

Imola 1994

GP Pazifik (Aida) 1994, glücklich über Platz 11 im einzigen Rennen seiner kurzen Formel-1-Karriere

GP Spanien 1991, erster F1-Besuch mit Blundell

GP Pazifik (Aida) 1994

GP Deutschland (Hockenheim) 1994

GP San Marino (Imola) 1994

Heinz-Harald Frentzen

* 18.5.1967

Allem zum Trotz

Er habe im Gasfuß so viel Gefühl wie vergleichsweise Franz Beckenbauer beim Fußball, sagte sein Ex-Arbeitgeber Peter Sauber einmal über ihn. Vom Talent her könnte er schon mehrfacher Weltmeister sein. Doch die Gnadenlosigkeit fehlt ihm, was ihn aber nicht unbedingt unsympathisch macht. Ein Schlüsseljahr war für den Mönchengladbacher sein erstes Jahr im Williams 1997. In der ersten Saison beim Topteam der neunziger Jahre musste er die größte Bürde tragen: Mit dem Williams werde er alles in Grund in Boden fahren, mit diesen Vorschusslorbeeren stellte man ihn schon vor der Saison auf ein hohes Podest. Dort begann er schneller zu frieren, als er es selbst für möglich gehalten hatte. Das Auto war nicht mehr so überlegen. Dazu kam Pech in Folge von technischen Defekten. Er biss sich aber durch und gewann. Und obwohl jede seiner Aktionen wie unter einem Brennglas beobachtet wurden, setzte er immer wieder Akzente. Frentzen fuhr öfter hintereinander auf´s Podium als jeder andere, und er fuhr die meisten schnellsten Rennrunden.

GP San Marino (Imola) 1997, erster Sieg, vor den Ferrari-Fahrern Michael Schumacher und Eddie Irvine

GP Luxembourg (Nürburgring) 1998

Sein Technik-Chef Patrick Head lobt ihn „als Fahrer, der ein Auto nicht nur schnell abstimmen, sondern auch weiterentwickeln kann". Seine größte Stärke als Fahrer ist Spontaneität – die Gabe, sich blitzschnell auf neue Situationen einstellen zu können. Sein Problem im Formel-1-Zirkus, in dem man sich immer wieder großspurig auf´s Neue verkaufen sollte: Bescheidenheit. „Man muss immer auf dem Teppich bleiben" lautet seine Philosophie, „und bevor man ins Ziel gelangt, muss man erst einmal Kurven fahren." Heute bringen ihn negative Kritik und Schlagzeilen nicht mehr ins Schwimmen. Dann nimmt er Tochter Lea in den Arm und Ehefrau Tanja gleich mit. Grantig wird er, wenn man ihm vorwirft, Nestwärme in einem Team zu brauchen. Deshalb habe er in seinen beiden Williams-Jahren sein großes Talent auch nicht zum WM-Titel nutzen können. „So ein Blödsinn", wehrt sich Frentzen, „das Wort Nestwärme hört sich zu kükenhaft an. Klar, die zwei Jahre bei Williams waren nicht immer einfach. Patrick Head, einen Mann mit viel Erfahrung und großen Erfolgen, von seiner oft sturen Meinung abzubringen, dazu brauchte ich viel Energie, und es hat lange gedauert, bis ich verstanden habe, das Auto optimal zu nutzen. Das ging bei Jordan schneller. Nach zwei Monaten dort

GP San Marino (Imola) 1997

GP Italien (Monza) 1999, Sieger im Ferrari-Land

GP Ungarn (Hungaroring) 1999, Frau Tanja mit ihrem „Pappenheimer"

wusste ich mehr über die Möglichkeiten des Teams als bei Williams nach einem Jahr. Trotzdem will ich die zwei Jahre bei Williams auf keinen Fall missen." Lange Zeit galt er als kleiner Träumer, dem man den letzten Kick absprach. Das ärgerte Heinz-Harald Frentzen früher natürlich. Mehr sogar, als er zugeben wollte. Richtig fuchsig wurde er sogar, wenn er als „Schumachers Schattenmann" bezeichnet wurde. „Ich bin ein wenig introvertierter, das ist alles. Wer mich kennt, weiß, wie ehrgeizig ich bin." Frentzen hat in den Jahren bei Jordan das Geschäft gelernt. Besonders 1999, als er der Star war, der mit dem technisch unterlegenen Jordan nicht nur zwei Rennen gewann, sondern gegen die Budget-Giganten von Ferrari und McLaren das Titelrennen bis kurz vor Schluss offenhalten konnte. Über hundert Formel-1-Rennen haben an der Substanz gezehrt – der Erfolg wurde mehr, die Emotionsausbrüche weniger. Man sieht es dem 34-Jährigen an, dass er im Innern gerade seinen Karrierefilm zurücklaufen lässt und zweimal die Stoptaste drückt. Das erste Mal bei seinem ersten Sieg 1997 in Imola. „Eine schöne Erinnerung", sagt er. Imola 1994 jedoch hat ihn mehr geprägt als seine drei Siege und sein erstes Rennen. Frentzens Formel-1-Karriere war gerade mal zwei Rennen alt, als seine Anfänger-Euphorie brutal an den Mauern Imolas zerbröckelte. Während des Samstagtrainings verunglückte der Österreicher Roland Ratzenberger tödlich. Der war mehr als ein Kollege, Ratzenberger war ein Freund. „Wir waren ein Jahr zusammen in Japan." Im Rennen verunglückte dann noch Ayrton Senna tödlich. Senna, Frentzens Idol, seit er ihn mit elf Jahren bei einem Kartrennen im belgischen Nivelles gesehen hatte, Senna, der ihn noch fünf Wochen vorher bei Testfahrten zum Kaffee einlud und der ihm bei dieser Gelegenheit angeboten

GP Italien 1999, voller Einsatz im Jordan-Mugen-Honda

GP Brasilien (São Paulo) 1999, Dritter

GP Frankreich (Magny-Cours) 1999, mit Frentzen freut sich Teamchef Eddie Jordan über den ersten Saisonsieg

GP USA (Indianapolis) 2000, mit Thomas Gottschalk

GP Kanada (Montreal) 2001

GP Australien (Melbourne) 2001

hatte, seiner Karriere nachzuhelfen, weil er ihn ebenso talentiert wie sympathisch fand. „Ich fuhr an Sennas Auto vorbei", erinnert sich Frentzen, „und ich wusste sofort, dass er tot war. Ich fuhr das Rennen wie traumatisiert zu Ende." Eine Woche lang war Frentzen nicht ansprechbar. Er musste seine Gefühle erst mal selbst ordnen. Vielleicht hat ihm geholfen, dass er sich schon seit früher Kindheit an mit dem Tod beschäftigen musste. Sein Vater, Besitzer eines Bestattungsunternehmens, schickte seinen Junior öfter los, Tote abzuholen, „weil die Begegnung mit dem Tod ihn besser aufs Leben vorbereiten konnte". „Mein Vorteil war aber", analysiert Frentzen Junior, „dass ich schon einmal ganz unten war. Ende 1991 war ich arbeitslos, ich musste mich wieder ganz nach oben kämpfen. Das gab mir natürlich eine eigene Sichtweise. Nämlich: Du schafft es, wenn du nur

GP Europa (Nürburgring) 2001, die Probleme mit der Traktionskontrolle bringen das Jordan-Team ins Hintertreffen

GP Belgien (Spa-Francorchamps) 2001, Neubeginn bei Prost

GP Italien (Monza) 2001, mit Nick Heidfeld

willst." Mit dieser Einstellung meisterte Frentzen alle Krisen. Die letzte, als ihn Eddie Jordan vor Frentzens Heim-Grand-Prix in einer Nacht-und-Nebel-Aktion an die Luft setzte, ohne erkennbare Gründe. Frentzen war tief enttäuscht, saß aber schon zwei Rennen später im Cockpit des Prost-Renners und machte den blauen Wagen bis zum Saisonende erheblich schneller. Es macht ihm nichts aus, dass Michael Schumacher im Mittelpunkt des Interesses steht, im Gegenteil: „Dadurch habe ich wieder mehr Ruhe." Er stehe jetzt über den Dingen. Und dass die Fahrer von heute noch nicht einmal mehr ohne Berater oder Anwalt in den Supermarkt gehen können? Frentzen lacht darüber: „Ich kann nicht gemeint sein. Ich gehe nämlich ohne Anwalt in den Supermarkt. Dafür habe ich aber immer einen eigenen persönlichen Berater dabei – nämlich meine Frau Tanja."

GP Deutschland 2001, enttäuschte Fans

GP Ungarn (Hungaroring) 2001

Ralf 1993 über den Schlagzeilen um seinen Bruder

Ralf Schumacher

* 30.6.1975

Der Freischwimmer

„Es wird keinen neuen Michael Schumacher geben. Höchstens einen neuen Ralf.“ Ralf Schumacher sprach diese Worte nicht etwa in Imola 2001, als er das erste

GP Ungarn 1995, Besuch der Formel 1

Formel-1-Rennen seiner Karriere gewonnen hatte. Der Satz ist von 1991. Sein Bruder war gerade der neue Star in der Formel 1 geworden. Ralf, von einem RTL-Team nach Michael befragt, war 15. Er sah aus wie ein pummeliger Teenager mit dicken Backen, aber er zeigte schon damals die Züge, die ihm später den Formel-1-Einstieg und den ersten Sieg bescheren sollten: ein erhebliches Selbstbewusstsein und den Drang nach

Tests in Spanien (Barcelona) Februar 1997

Unabhängigkeit. „Am Anfang“, erinnerte sich Ralf erst vor kurzem, „half mir der Name Schumacher. Aber dann war er irgendwann eher eine Belastung. Ich wusste, ich musste meinen eigenen Weg gehen. Michael gab mir Ratschläge, klar, aber die meisten habe ich nicht angenommen.“ Vielleicht musste er dies auch. Das Verhältnis zu seinem Bruder ist ein Besonderes: Mehr wie ein Vater sah Michael die Rolle, als beide Schumachers in

GP Luxembourg (Nürburgring) 1997, Fisichella und Ralf Schumacher kollidieren, Michael Schumacher ist ebenfalls betroffen

GP Italien (Monza) 1998, Platz 3 hinter den beiden Ferraris

GP Deutschland (Hockenheim) 1997

GP England (Silverstone) 1998

GP Belgien 1998, zweiter Platz hinter Damon Hill

GP Deutschland (Hockenheim) 1998

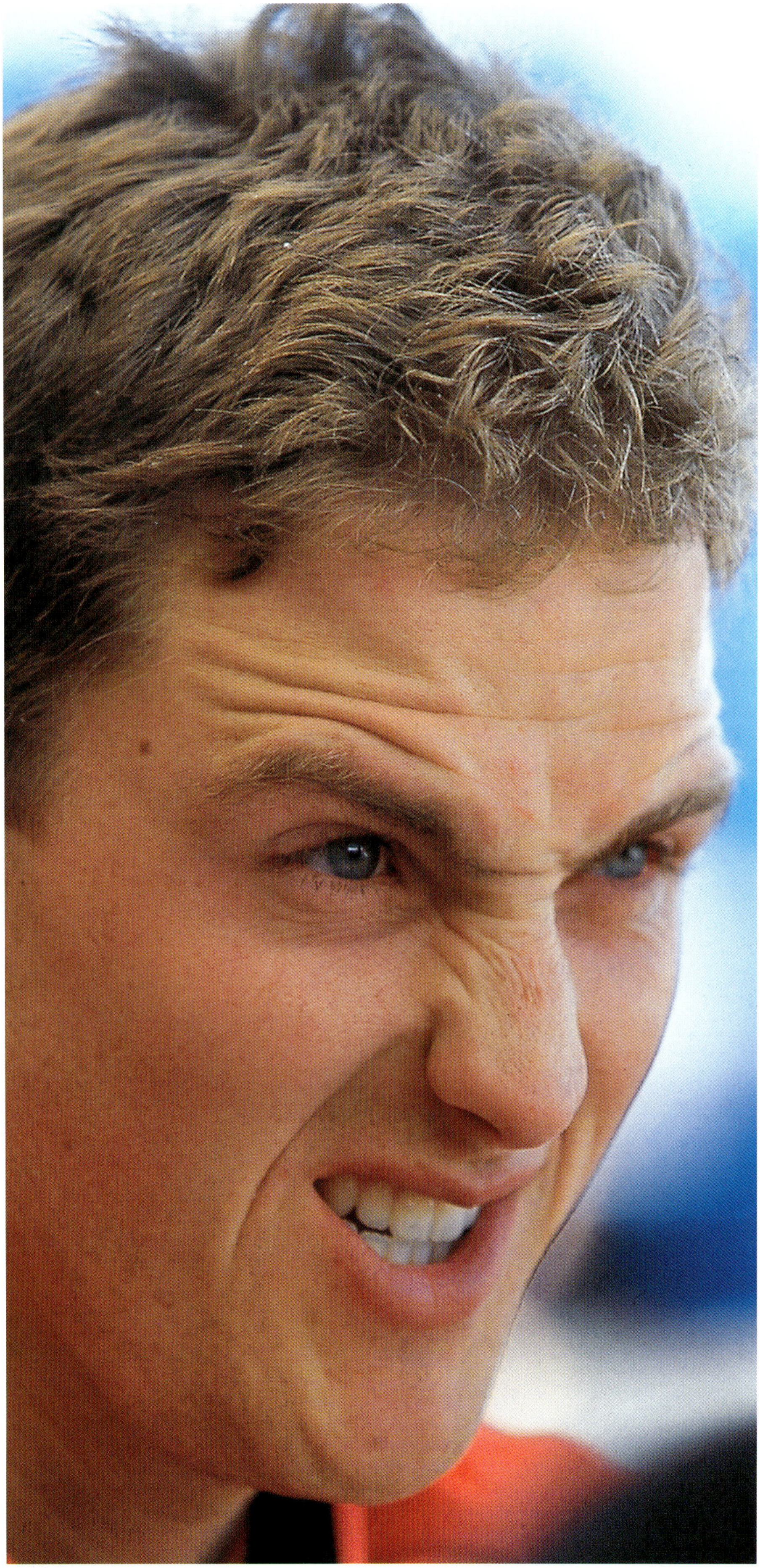

GP Kanada (Montreal) 1999

Kerpen heranwuchsen. Die Eltern gründeten gerade ihr neues Geschäft und hatten wenig Zeit. Michael, acht Jahre älter, kümmerte sich um den kleinen Bruder, nahm ihn überall mit hin. Auch zum Fußball, wo ein Siebenjähriger unter 15-Jährigen entweder zum Linksaußen, zum Torwart, aber immer zum Deppen gemacht wird. Der große Bruder brachte dem „kleinen" auch das Kartfahren bei, das er früher beherrschte als ein Fahrrad. Dann machte der Bruder auch noch Karriere.

Die Vorurteile gegen Ralf Schumacher wuchsen proportional mit dem Erfolg von Michael. Mittlerweile ist Ralf schon längst in jedem deutschen Wohnzimmer zu Hause. Er stiehlt sich sympathisch lächelnd an Günther Jauchs Fangfragen vorbei, besteht ebenso grandios Harald Schmidts freche Sprüche. Dabei ist er keiner, der sorgsam Gesichtszüge und Worte ordnet, wenn Kameras und Mikrofone in der Nähe sind: „Michael ist eher introvertiert, ich extrovertiert", sagt Ralf, „ich habe immer gesagt, was ich denke, und das will ich auch in Zukunft so halten. Ich hatte nie das Gefühl, im Schatten meines Bruders gestanden zu haben. Sonst hätte ich doch anfangen müssen, Michaels Erfolge aufzurechnen. Das Problem ist nur, wie in jeder Familie übrigens, dass halt, wenn ein älterer Bruder mit einer spezifischen Art Riesenerfolg hat, jeder denkt, der kleine Bruder müsste genauso sein. Ich bin aber ein eigener Mensch, der niemanden kopieren will und es auch gar nicht kann." Und Bruder Michael bestätigt: „Bei Beratung in persönlichen Dingen hat man keine Chance bei ihm: Da kommt man nicht weit. Ralf ist eine eigene Person. Er sucht nicht immer den Mittelweg. Man kann ihn zum Glück in keine Schublade stecken. Deshalb ist er auch schon lange vor seinem ersten Sieg aus meinem Schatten

GP Italien (Monza) 1999

GP Spanien (Barcelona) 1999

GP Italien (Monza) 1999, mit viel Einsatz auf Platz 2

GP Australien 2000, 3. Platz mit BMW-Williams

GP Frankreich (Magny-Cours) 2000

GP Europa (Nürburgring) 2000

GP Brasilien (São Paulo) 2000

GP USA (Indianapolis) 2000

GP San Marino (Imola) 2000, mit Dr. Theissen

GP Deutschland 2000, mit Robinson und Berger

GP Italien (Monza) 2000, Patz 3 hinter Bruder Michael und Mika Häkkinen

GP Kanada (Montreal) 2001

GP Kanada 2001, überlegen zum zweiten GP-Sieg

gesprungen." Durchgebissen hat er sich gegen alle Vorurteile. „Rolex-Ralf" wurde er genannt, wegen seines Hangs zur Angeberei. Damals war er 19, „eine Phase", wie er es selbst im Rückspiegel sieht. Als er bei Williams Anfang 1999 seinen Landsmann Heinz-Harald Frentzen ersetzte, befürchteten die damals zahlreichen Kritiker Ralf Schumachers das Schlimmste: Er würde in der frostigen Atmosphäre des Williams-Teams untergehen. Doch der heute 25-Jährige belehrte sie mit einer Mischung aus Schnelligkeit und Kalkül – mit einem Auto, das damals nicht mehr als Spitze in der Formel 1 galt.

Dabei kommt er nicht nur auf der Strecke gut an: Schwiegermütter und Töchter – eine Seltenheit – finden den smarten Jungstar knuddelig – und da Ralf Schumacher zudem auch auf dem schwierigen Terrain der Gala-Diners mit Vorstandsbossen nicht ins Schleudern kommt, ist er für Teamchefs und potenzielle Sponsoren gleichermaßen ein Juwel. Mercedes zeigt Interesse an ihm, Jaguar ist nicht abgeneigt, und sogar Ferrari hätte nichts dagegen, den Sitz des großen Bruders gleich an den kleinen weiterzugeben, wenn Michaels Ferrari-Vertrag 2004 ausläuft und Michael sich umorientieren würde. Willi Weber hat es nicht zufällig darauf angelegt, dass im gleichen Jahr auch Ralf Schumachers Vertrag bei BMW ausläuft. „Dieses Interesse an mir ehrt mich natürlich, aber im Moment bin ich BMW-Fahrer und auch sehr zufrieden damit", verkörpert Ralf Schumacher den perfekten Angestellten, fügt aber sogleich hintergründig lächelnd hinzu: „Für die Zukunft eröffnen sich allerdings neue Perspektiven." BMW-Motorsportdirektor Gerhard Berger ist auf keinen Fall gewillt, jemals auf seinen Fahrer zu verzichten: „Ralf ist ein potenzieller Weltmeister."

GP Kanada (Montreal) 2001, Ralf und Michael Schumacher, der erste Bruder-Doppelsieg in der Formel 1

GP Kanada (Montreal) 2001

GP Kanada (Montreal) 2001

GP Deutschland (Hockenheim) 2001, Ralf Schumacher mit Teamchef Frank Williams

GP Frankreich (Magny-Cours) 1997

Alex Wurz

* 15.2.1974

Er geht ruhig seinen Weg

Wer bescheiden ist und versucht, mit Ruhe und Zurückhaltung seinen Weg zu gehen, trifft in der Formel 1 auf lauter Schikanen. „Ich bin halt kein bunter Vogel", beschreibt sich der Österreicher Alexander Wurz selbst – eine Anspielung auf seinen Landsmann Gerhard Berger, der den ruhigen jungen Mann einst als „Retortenfahrer ohne Charisma" bezeichnet hat. Es stimmt: Wurz geht ruhig seinen Weg, ohne großes Tamtam. Das ist schlecht für Fans, aber angesehen ist er bei den Ingenieuren. Sie sind von Wurz´ Fähigkeiten als Autoabstimmer überzeugt. Das brachte ihm auch Anfang 1998 einen Formel-1-Vertrag und schließlich seinen Vertrag als Test- und Ersatzfahrer bei McLaren-Mercedes. „Ich glaube", sagt Wurz, „ich habe bei McLaren in den ersten Monaten schon mehr Kilometer gesammelt als in einem ganzen Jahr bei Benetton." Da ist er gefragter denn je. Der „Silberpfeil" glänzte vor dem GP Brasilien noch nicht wie gewohnt, so dass Mercedes-Motorsportchef Norbert Haug zugeben musste: „Wir waren in den beiden ersten Rennen langsamer als Ferrari." Deshalb wurde das Testprogramm erweitert. Vor dem Großen Preis von Brasilien kamen alle drei McLaren-Piloten in Barcelona zum Einsatz – die beiden Stammpiloten Mika Häkkinen und David Coulthard und Alexander Wurz. Der gewiefte Analytiker von Fahrzeugdaten musste mehr denn je mithelfen, die Aerodynamik des McLaren zu verbessern. Dass in der Formel 1 kein Platz für Sentimentalitäten ist, hat Wurz selbst schon feststellen müssen. Im Jahr 2000 wurde er von Benetton-Teamchef Flavio Briatore kontinuierlich aus

GP Kanada (Montreal) 1997, sein erstes Rennen als Ersatzmann für Gerhard Berger bei Benetton-Renault

GP Österreich (A1-Ring) 2000

GP Brasilien (São Paulo) 2000

GP Brasilien (São Paulo) 2000

dem Team geekelt. Das beste Material blieb immer Teamkollege Giancarlo Fisichella vorbehalten, der Rückstand durch Technik wurde von Briatore gerne als Fahrerproblem dargestellt. Ausgerechnet in Wurz´ Heimatland Österreich rannte der schlitzohrige Selbstdarsteller damit offene Türen ein. ORF-Mann Heinz Prüller zettelte eine Anti-Wurz-Hetzkampagne an, die darin endete, dass im Radio sogar Witze über Österreichs einzigen Formel-1-Fahrer gemacht wurden. Insider wie McLaren-Teamchef Ron Dennis ließen sich von den falschen Gerüchten aber nicht beeindrucken. „Alexander ist wesentlich besser als seine Ergebnisse", kontert er die Polemik von Wurz´ Landsleuten. „Es kribbelt schon am Rennwochenende", meint Wurz, „es ist hart, nicht fahren zu können." Deshalb reise er auch meistens schon Samstagabend wieder ab. Ob sich das Warten auf der „Ersatzbank" lohnen wird und er im nächsten Jahr im McLaren-Mercedes auch an den Rennsonntagen sitzen wird? Darüber will er nicht reden. Aber die Hoffnung sieht man ihm an. Die Sponsoren wie West sind jetzt schon von dem Österreicher begeistert: „Es ist eine Freude, mit ihm zu arbeiten. Er ist intelligent, interessiert und absolut professionell", heißt es aus den Reihen des Hauptsponsors West, „und die deutsche Sprache hilft uns enorm." Wurz wäre nicht der erste, der den Sprung von der „Ersatzbank" schaffen würde. Damon Hill war einer, ebenso wie Mika Häkkinen. Als Letzterer nun das Team verließ, blieb Wurz allerdings vorläufig trotz Bemühungen um einen aktiven Platz bei anderen Teams auf der „Ersatzbank". Es herrscht Frust bei Alex Wurz, übrigens 1996 Sieger der 24 Stunden von Le Mans, nachdem der neue finnische Shootingstar Kimi Räikkönen ins McLaren-Mercedes-Team geholt wurde.

GP Malaysia (Sepang) 2001, offizielle Vorstellung als Testfahrer bei West-McLaren-Mercedes

Nick Heidfeld

* 19.5.1977

New Kid in Town

Als der berühmte Alain Prost ihm vor dem Blitzlichtgewitter der Kameras die Hand reichte, um ihn offiziell in seinem Team zu begrüßen, wusste Nick Heidfeld noch nicht so genau, wie er am besten seine Gesichtszüge zu ordnen

GP Österreich (A1-Ring) 2000, im Prost-Peugeot

GP Spanien (Barcelona) 2000, viel Pech in seiner ersten Formel-1-Saison

hatte, um wie ein Formel-1-Fahrer auszusehen. Denn das tut er nun wirklich nicht, wenn man ihn nicht gerade im Rennwagen sitzen sieht. Der Mönchengladbacher wiegt 59 Kilogramm, ist 1,62 Meter groß, „nach Siegen sogar 1,63“, wie er noch mit jugendlichem Lächeln genüsslich feststellt. Kein Anzug passt dem Hänfling richtig, kein Overall, der nicht an „Quick Nick“, wie ihn die Branche nennt, aussieht, als hätte er ihn zwei Nummern zu groß übernommen. Doch an seiner neuen Aufgabe soll Heidfeld wachsen und, so stellen die erfahrenen Formel-1-Leute Charlie Whiting und Herbie Blash, die schon dreißig Jahre lang im inneren Kreis um den großen Formel-1-Boss Bernie Ecclestone arbeiten, einstimmig fest: „Ihr Deutschen könnt glücklich sein. Heidfeld wird der zweite Schumacher werden. Er wird nicht nur Rennen gewinnen, sondern auch die Weltmeisterschaft.“ Der Vergleich mit Schumacher ist gar nicht weit hergeholt. Erstens kommt Heidfeld wie die Schumacher-Brüder und Heinz-Harald Frentzen aus dem Rheinland, zweitens ist er auch das Produkt einer gezielten Nachwuchsarbeit, die Mercedes Anfang 1990 mit Schumacher und Frentzen begonnen hatte. „Ziel war von Anfang an, Nick in die Formel 1 zu bringen“, sagt Mercedes-Sportchef Norbert Haug, „aber er musste erstmal den Titel in der Formel 3000 sicher nach Hause bringen.“ Den Befehl des Sportchefs erfüllte der „Junior“ locker – bereits beim Großen Preis von Ungarn, vier Rennen vor Schluss der Saison. Drei Jahre lang hatte Heidfeld aber schon Formel-1-Erfahrung sammeln können: Über 10000 Kilometer legte er bei Tests zwischen den Rennen auf dem „Silberpfeil“ zurück, „dadurch konnte ich mich ohne Druck an die höheren Geschwindigkeiten gewöhnen“. Talent alleine hätte Heidfeld aber nicht in die Formel 1 gebracht. Ende 1993 hatte der Mönchengladbacher kein Geld mehr, um vom Kart in die Formel Ford umzusteigen. Da nahm ihn sein Vater an die Hand und besuchte den Trierer Werner Heinz, der damals schon professionelle Rennfahrer wie Bernd Schneider unter seinen Fittichen hatte. Der zögerte am Anfang noch, erkannte dann aber die besonderen Fähigkeiten. Er schloss einen Vertrag mit diesem ungeschliffenen Diamanten ab und fand Sponsoren, die ihn bis in die Formel 3 begleiteten. Dort entdeckte ihn dann Norbert Haug und nahm ihn ins Mercedes-Förderprogramm auf. Mit McLaren wurde wegen Heidfeld sogar Anfang 1998 ein eigenes Formel-3000-Team auf die Beine gestellt, mit dem er auf Anhieb im ersten Formel-3000-Jahr Vizemeister wurde. Bis 2003 läuft sein Vertrag mit McLaren noch – dann wird entschieden, ob er im „Silberpfeil“ sitzen wird.

GP Spanien (Barcelona) 2000

GP Brasilien in São Paulo 2001, Platz 3

GP San Marino (Imola) 2001

Mit Teamkollege Kimi Räikkönen

GP Frankreich (Magny-Cours) 2001

Am Anfang mussten Heidfeld, sein Manager Werner Heinz und auch Mercedes noch einige Hürden überwinden, um schließlich in der Formel 1 zu landen. Zunächst sollte Heidfeld für zwei Jahre an das Team des Iren Eddie Jordan ausgeliehen werden. Schon während des Frankreich-Grand-Prix 1999 hatte McLaren-Chef Ron Dennis mit Teamchef Eddie Jordan wegen Heidfeld Gespräche geführt, die 14 Tage später im englischen Silverstone noch intensiviert wurden. Doch der Deal scheiterte, weil Eddie Jordan sich nicht als „Universität" für McLaren-Mercedes sehen, sondern Heidfelds Fähigkeiten nach seiner Ausbildung selbst nutzen wollte. „Warum soll ich die Diamanten für McLaren-Chef Ron Dennis schleifen, der besitzt sie dann aber", feixte Jordan. Der irische Teambesitzer forderte selbst die Rechte an Heidfeld – in der Hoffnung, der junge Deutsche würde zur schnellen Geldvermehrungsmaschine werden, weil Mercedes ihn nach zwei Jahren unter dem Druck der deutschen Öffentlichkeit für viel Geld zurückkaufen müsse. Ron Dennis und Mercedes-Motorsportchef Norbert Haug lehnten den Deal ab. Das erste Jahr bei Prost sollte für Heidfeld ein Lehrjahr werden. „Es gibt doch keinen besseren Lehrmeister für einen jungen Fahrer als Alain Prost", sagt Norbert Haug, „es ist gut für ihn, dass man zusammen nach oben kommen will." Das Jahr wurde zum Fiasko, und Nick legte es unter dem Ordner „charakterbildend" ab. Der Prost-Peugeot erwies sich als Fehlkonstruktion – alles andere als optimal für einen Einsteiger, der mit der Visitenkarte des Formel-3000-Europameisters ins gelobte Formel-1-Land kam. „Als Newcomer war es dennoch perfekt, bei Prost untergekommen zu sein. Ich konnte viel lernen und musste mich durchbeißen", zieht Heidfeld dennoch eine positive Bilanz.
Das sah auch Peter Sauber so. Schon immer ein Fan von Heidfeld, bot er ihm einen Dreijahresvertrag an. Und der nahm dankbar an. Nur für Laien trat er wie verwandelt bei den ersten Tests im Dezember an. Er pulverisierte in Barcelona die Sauber-Bestzeiten der letztjährigen Fahrer Diniz und Salo mit links. Dennoch lastete in seiner zweiten Saison eine Bürde auf ihm, die größer nicht sein konnte. „Ich erwarte von Nick, dass er Verantwortung übernimmt", verlangte Peter Sauber von seinem neuen Fahrer – nicht ohne Grund. Denn Heidfelds hochtalentierter finnischer Teamkollege Kimi Räikkönen (20) kam direkt aus der Formel-Renault und konnte am Anfang noch keine große Hilfe in der Fahrzeugentwicklung sein. Dass Räikkönen, ein Talent der Extraklasse, manchmal schneller war, machte Heidfeld dennoch nicht zu schaffen: „Speed ist zwar zunächst die Grundvoraussetzung. Ein guter Fahrer sollte aber auch Einfluss auf die Entwicklung eines Autos nehmen können. Die Aufgabe des Fahrers ist es, die Probleme klar zu schildern. Beispielsweise gibt es aerodynamische Teile, die im Windkanal hervorragend aussehen, aber auf der Strecke nicht funktionieren. Da musst du als Fahrer stark genug sein und sagen, das funktioniert nicht." Das Lehrjahr sei jetzt vorbei, „lassen Sie uns zur Gesellenprüfung übergehen", beschreibt Heidfeld sein erstes Jahr im Schweizer Sauber-Team. Schon im dritten Rennen 2001 wurde der Geselle zum Meister: Der dritte Platz von Heidfeld in São Paulo, gestartet von Platz neun, beim Großen Preis von Brasilien wurde weltweit als Sensation gefeiert. Für 2002 ist Nick Heidfeld im Sauber-Team seinen jungen finnischen Widersacher Kimi Räikkönen los. Der bekam nämlich im McLaren-Mercedes-Team den Platz als Nachfolger von Mika Häkkinen – jenen Platz, auf den Heidfeld allerdings von Anfang an scharf war und eine Option hatte.

GP Frankreich (Magny-Cours) 2001

Die Silberpfeile

GP Deutschland (Nürburgring) 1954, Juan Manuel Fangio, Sieger auf Mercedes W196R

Eine Legende

Die Legende entstand übrigens 1934 beim Eifelrennen auf dem Nürburgring. Der damalige Mercedes-Rennleiter Alfred Neubauer hatte festgestellt, dass seine Autos im Vergleich zu den Konkurrenten von Alfa Romeo und der Auto Union zu schwergewichtig seien. Doch am Fahrzeug selbst konnte er nicht sparen, der weiße Mercedes war bis ins Detail verplant. Kurzentschlossen ließ er den weißen Lack abschleifen, und der Mercedes stand in seiner Urfassung da: mit einer silbernen Aluminiumschicht. Ein Mythos war geboren. Den letzten Sieg mit einem Silberpfeil der fünfziger Jahre gelang dem fünffachen Weltmeister Juan Manuel Fangio 1955 in Monza.

Mercedes-Benz W196R

Cockpit des W196R von 1954

Schaltknüppel und Kulisse neben dem Fahrersitz

2,5-Liter-Motor des W196R, 8 Zylinder in Reihe

Radaufhängung mit Querlenkern

W196R mit Stromlinienverkleidung als Variante für schnellere Strecken

Dan Gurney beim Rennen auf der Solitude 1962

Porsche 804, das Siegerfahrzeug des GP Frankreich (Rouen) 1962

Porsche

Klein aber fein

Bevor der große Erfolg als Motorenhersteller kam, versuchte sich die damals noch kleine Zuffenhausener Edelschmiede als Chassisbauer inklusive. Porsche baute bis 1964 ein eigenes Auto und landete sogar 1962 durch den US-Amerikaner Dan Gurney in Rouen den einzigen Sieg. Porsche holte 47 Punkte in 31 Rennen. Hans Mezger, später genialer Motorkonstrukteur, war damals schon dabei und bildete eine Art Zeitbrücke zwischen den Jahren. „Damals", erinnerte sich Mezger, „war ich als junger Ingenieur in der Rennabteilung tätig und befasste mich vor allem mit der Berechnung und Konstruktion der Ventilsteuerung." Es sei ein großer Fehler gewesen, schon 1962 wieder aus der Formel 1 ausgestiegen zu sein, meint Mezger.

Der 8-Zylinder-Boxermotor mit Luftkühlung

GP Holland (Zandvoort) 1983, Vorstellung des TAG-Turbomotors von Porsche

„Aber vielleicht trauten wir uns nicht genug zu." Die kleinen, silbernen Autos wurden von allen geliebt: „A very nice little car", schwärmten besonders die Engländer damals. 1983 kehrte man als Motorenhersteller in die Formel 1 zurück. Im Auftrag von TAG wurde unter Führung von Hans Mezger für McLaren ein Sechs-Zylinder-Turbo-Motor gebaut, der bis heute als einer der erfolgreichsten Motoren aller Zeiten gilt. Bis 1987

GP Italien (Monza) 1984, Hans Mezger mit seinem Meisterstück, dem V6-Turbo

GP Belgien (Zolder) 1984, Niki Lauda

GP England 1984, Lauda, Jenkins, Prost und Dennis

GP Belgien (Zolder) 1984, Motorelektronik

GP England (Brands Hatch) 1985

„Nächstes Jahr gewinnst du“, GP Portugal 1984

GP Ungarn (Hungaroring) 1987

GP England (Brands Hatch) 1986

GP Frankreich (Le Castellet) 1986, Keke Rosberg mit Techniker Steve Nichols

Letztes Porsche-Jahr mit McLaren: Alain Prost beim GP Ungarn (Hungaroring) 1987

gewann Porsche durch Niki Lauda und Alain Prost drei Fahrer- und zwei Konstrukteurstitel. „Es war die beste Zeit meiner Rennkarriere", schwärmt Lauda noch heute, der maßgeblich an der Entwicklung des Tubos beteiligt war. Die Rückkehr Porsches 1991 endete im Fiasko: Nur sechs Rennen hielt der schwergewichtige Porsche-V12-Saugmotor durch, dann wurde er im Team von Footwork-Arrows wieder durch den Ford-Konkurrenten ersetzt.

GP Monaco 1987

GP Monaco 1991, der übergewichtige Porsche V12 ist chancenlos

GP Brasilien (São Paulo) 1991, Michele Alboreto im Footwork-Arrows-Porsche

ATS

Schmidchens Schleicher

GP USA-West (Long Beach) 1977, 6. Platz im Debüt-Rennen mit Jean-Pierre Jarier im ATS-Penske

Der deutsche Felgenmillionär Günter Schmid aus Bad Dürkheim kam 1977 in die Formel 1: Er hatte das Formel-1-Team von Roger Penske übernommen, das sich nach einem Sieg (John Watson 1976) wegen des Todessturzes von Mark Donohue zurückgezogen hatte. Die umlackierten Fahrzeuge hießen nun ATS (Auto Technisches Zubehör) und versprachen gute PR für die gleichnamigen Felgen. Acht Jahre hielt der exzentrische Schmid durch, ohne großen Erfolg zu haben. Er verschliss dabei vierzehn Fahrer und gewann lediglich neun Punkte. Aber immerhin fuhren Weltstars wie Keke Rosberg und Gerhard Berger auf den gelben Autos. Berger feierte auf einem ATS-BMW 1984 in Zeltweg sogar seinen Formel-1-Einstand.

GP Deutschland (Hockenheim) 1980

GP Deutschland 1980, Marc Surer und Harald Ertl

GP Belgien (Zolder) 1980, Günter Schmid

GP Italien (Imola) 1980, Marc Surer

GP Deutschland 1983, Schmid und Brunner

GP Holland (Zandvoort) 1983

GP Italien (Monza) 1984, Manfred Winkelhock

GP Europa (Brands Hatch) 1983

GP Monaco 1988

GP San Marino (Imola) 1988

GP Belgien (Spa-Francorchamps) 1988

GP Deutschland (Hockenheim) 1988, Steffi Graf im Rial-Cockpit – ein Medienereignis

Rial

Irreale Vorstellungen

Günter Schmid konnte nicht verkraften, dass er mit ATS keinen Erfolg hatte. Deshalb gab er 1988 und 1989 seiner neuen Felgenfirma Rial einen Bekanntheitsschub, indem er seinen neuen Formel-1-Autos ihren Namen gab. In zwei Jahren gewann Rial sechs Punkte.

Peter und Steffi Graf mit Günter Schmid

GP Ungarn 1989, Volker Weidler und Christian Danner scheitern in der Qualifikation

Weidler mit Schmid

GP Brasilien 1989, Weidler, Danner und Schmid

GP Monaco 1988, Christian Danner im Rial-Ford

GP Österreich (Zeltweg) 1982, „Motoren-Papst" Paul Rosche

GP England (Brands Hatch) 1982, 4-Zylinder-Turbo

BMW

1982-1987, Power ist alles

Es war am Nürburgring, irgendwann 1995, da saß Paul Rosche, in Insiderkreisen nur der „Motoren-Papst" genannt, in seiner geliebten Pistenklause, vor sich eine Maß Bier, und er trank auf die guten alten Zeiten. Die lagen gerade mal ein Jahrzehnt zurück, und dennoch

GP Monaco 1982, Nelson Piquet

Monaco 1983, Brabham-BMW Turbo-Feuer

kam es Rosche und seinen Spezies vor, als lägen Generationen dazwischen. Das liegt wohl daran, dass es mit den Jahren in der Formel 1 so ist wie bei den Hunden: Man muss jede Momentaufnahme mit sieben multiplizieren. In kaum einem anderen Sport wird die Gegenwart schneller zur Erinnerung gemacht und sind Erfolge vergänglicher. Dabei hatte BMW fast die ganzen achtziger Jahre die Königsklasse des Motorsports mitgeprägt. Rosche hatte Kraftpakete, mit Turbos bis zur Schmerzgrenze von Mensch und Material aufgeladen, als Antriebsaggregate entwickelt, dass die Fahrer gleichermaßen fasziniert und beängstigt waren. Bis zu 1500 PS hatte ein „Rosche-Motor" im Qualifying zur Verfügung. „Was dazu führte, dass die Räder selbst im sechsten Gang noch durchdrehten", wie es Marc Surer beschreibt, „im Regen war das Kontrollieren der Kraft fast unmöglich." Das erfolgreichste

GP Deutschland (Hockenheim) 1983, Nelson Piquet im Weltmeisterschafts-Fahrzeug

GP Frankreich (Le Castellet) 1983

GP San Marino (Imola) 1985

GP England (Silverstone) 1983, Piquet im Brabham-BMW

Monaco 1984, 1985 und 1986 in Serie: Brabham-BMW mit Piquet

... und de Angelis

GP Holland (Zandvoort) 1985, Nelson Piquet

GP Österreich 1984, Winkelhock im ATS-BMW

GP Italien (Monza) 1984

GP Frankreich (Le Castellet) 1985, der Arrows-BMW von Thierry Boutsen

Jahr war 1983, als man mit Nelson Piquet den WM-Titel gewann. BMW belieferte zudem zwischen 1982 und 1987 neben Brabham auch Arrows, ATS und Benetton mit Motoren. Neun Rennen wurden gewonnen, 15-mal eroberten die Münchner die Pole Position. Der letzte Sieg bis zum Comeback gelang 1986 in Mexiko, übrigens mit Gerhard Berger im Benetton, dem späteren Motorsportdirektor. So schließt sich ein Kreis.

GP Holland 1984, Marc Surer im Arrows

GP Ungarn (Hungaroring) 1986, „Men at work" bei Benetton-BMW

GP Monaco 1986, Gerhard Berger im Benetton-BMW

Design

BMW-Power

Zakspeed

Nicht immer auf Zak

Erich Zakowski aus der Eifel baute für Ford erfolgreich Tourenwagen, bis er 1985 mit einem eigenen Auto in der Formel 1 auftauchte. Zakspeed mühte sich mit Eigenkonstruktionen bei Motoren ebenso ab wie mit dem halbherzig konstruierten Yamaha aus Japan. Obwohl vom Tabakriesen West unterstützt, fehlte Zakowski und seiner Truppe letztendlich immer das große Budget, um den Durchbruch zum Erfolg zu finden. Zwei WM-Punkte durch Martin Brundle beim GP von San Marino 1987 sind alles, was in fünf Jahren auf der Habenseite zu verbuchen war. Durch Erich Zakowskis Rennstall liefen immerhin namhafte Fahrer wie Bernd Schneider, der Brite Martin Brundle, Christian Danner und auch der Italiener Piercarlo Ghinzani.

Herbst 1984: der erste Test auf dem Nürburgring

Kompletter Eigenbau – Made in Germany

GP Deutschland (Nürburgring) 1985

GP Spanien 1986, mit Techniker Helmut Barth

GP Ungarn (Hungaroring) 1986: East-West-Annäherung

GP San Marino (Imola) 1987, Zakspeed-Turbo 1,5 Liter 4R

GP Deutschland (Hockenheim) 1988, Bernd Schneider, im Training vor seiner einzigen Zielankunft im Zakspeed: Platz 12

Erich Zakowski

GP Monaco 1988

GP Frankreich (Le Castellet) 1988, Piercarlo Ghinzani

GP Monaco 1989, Bernd Schneider im Zakspeed-Yamaha beim Kampf gegen die Nichtqualifikation

GP Deutschland (Hockenheim) 1988

Einpacken: GP Brasilien (Rio de Janeiro) 1989

GP Brasilien 1989, Ausfall im Rennen

GP Brasilien (Rio de Janeiro) 1989, Übung: Reifenwechsel vor eindrucksvoller Kulisse

GP Europa (Donington) 1993, am Monitor während des Trainings: Peter Sauber mit seinem Team

GP Spanien (Barcelona) 1994

GP Brasilien (São Paulo) 1994

Sauber

Was lang währt, wird endlich gut

Jahrelang wiederholte sich die Geschichte. Am Anfang der Saison kratzte Sauber an der Tür der Großen, am Ende der Saison waren die Schweizer wieder im grauen Mittelfeld. „Ich kann mir gut vorstellen, dass der Sauber am Anfang der Saison das drittbeste Auto sein wird. Mal sehen, ob er diesmal das Niveau über das Jahr halten kann?", war eine immer wieder getroffene Aussage der Experten. Bis ins Jahr 2001 traf das auch zu – egal, welche Motoren Sauber auch benutzte. 1994 Mercedes, 1995 und 1996 Ford, seit 1997 Ferrari-Motoren, die unter dem Namen des Sauber-Hauptsponsors Petronas liefen. Dabei handelte es sich um das Ferrari-Triebwerk, das Michael Schumacher immer ein Jahr zuvor im

GP Brasilien (São Paulo) 1994, Mercedes als Motorenpartner

GP Brasilien (São Paulo) 1995, Wendlingers Boxenstopp, später ausgefallen durch technischen Defekt

GP Europa (Jerez) 1997, der Petronas-Motor

Ferrari gefahren war. Allerdings weiterentwickelt von Sauber-Motorenchef Osamu Goto, früher bei Honda, und seiner Crew. Saubers Ziel war es immer, unter die ersten Fünf der Konstrukteurs-WM zu fahren. Die Basis stimmte. Sauber hat eine der modernsten Fabriken und eine streng nach Schweizer Maßstäben strukturierte Firma. Das Budget stimmte auch: „Red Bull"-Besitzer Dietrich Mateschitz, bis Ende 2001 51-Prozent-Teilhaber bei Sauber, unterstützte das Team jahrelang mit zusätzlichen 20 Millionen Mark. Von Petronas, der größten malaysischen Mineralölfirma, flossen noch mal 20 Millionen in den Topf. Doch erst im Jahre 2001 wurde das große Ziel erreicht – mehr noch: Sauber etablierte sich als Vierter, noch vor Werkteams wie Jordan, Jaguar, Benetton und BAR. Der junge Deutsche Nick Heidfeld trug einen großen Teil dazu bei, im Zusammenspiel mit

GP Ungarn (Hungaroring) 1997, Johnny Herbert, im Bild vor Teamkollege Morbidelli, schafft einen hervorragenden dritten Platz

GP Belgien 1998, Jubel bei Alesi über Platz 3

Alesi und Diniz mit Ski-Speed-Racer Harry Egger

Malaysia 1999, Peter Sauber bei Sponsor Petronas

GP Europa (Nürburgring) 1999, Unfall von Diniz

der ganzen Sauber-Mannschaft, die unter Anleitung vom neuen Cheftechniker Willi Rampf ein hervorragendes Auto auf die Beine gestellt hatte und die Leistung über die Saison diesmal auch halten konnte. „Wir nutzten unsere Stärken", erklärte Heidfeld, „nämlich Innovation, Teamgeist und Gemeinschaftsgefühl." „Auf Dauer allerdings hast du keine Chance ohne Werksvertrag", befürchtet Teamchef Peter Sauber. Sauber nämlich bezahlt brav seine Ferrari-Motoren mit geschätzten 20 Millionen Dollar im Jahr, bekommt aber nicht das Motorenumfeld, also Elektronik und mehr, gestellt, wie McLaren, Williams, Benetton, Jordan, BAR und Jaguar, die dafür doppelt oder dreimal soviel Budget zur Verfügung haben wie die Schweizer. Trotzdem wurde Sauber Vierter in der Konstrukteurswertung, Nick Heidfeld Siebter bei den Fahrern, Räikkönen Neunter. Höhepunkt

GP Europa (Nürburgring) 1999, der Überrollbügel des Sauber brach beim Überschlag von Pedro Diniz, glücklicherweise blieb der Fahrer unverletzt

GP Deutschland (Hockenheim) 2000, Schweizer Gastlichkeit, offeriert vom Teamchef Peter Sauber

war das Podium Heidfelds in São Paulo 2001: In der Sauber-Box flippte man fast aus. Heidfelds Betreuerin Brigitte wurde vor Freude fast erdrückt, in der Heimat wollte Manager und Freund Werner Heinz die Welt umarmen, Heidfeld-Freundin Patricia sandte Bussis durch das Handy. Nick konnte auch Stunden nach dem Rennen sein Glück noch nicht richtig fassen. „Es muss sich erst mal setzen. Ich fühle mich wunderbar und großartig." Nur Ferrari, BMW-Williams und McLaren waren in der Saison 2001 besser – eine bemerkenswerte Leistung. Peter Sauber: „Das zeigt aber auch die Leistung des ganzen Teams. Wir hatten zwei junge, supertalentierte Fahrer, aber sie könnten ihr Potenzial nicht zeigen, wenn sie nicht ein sehr gutes Team mit sehr gutem Auto hinter sich wüssten." Nick Heidfeld, der laut den Ingenieuren die Hauptlast an der Entwicklungs-

GP Kanada (Montreal) 2000

GP Monaco 2000, der Petronas-Motor (Ferrari Vorjahresmotor) wird zur Funktionsprobe gestartet

GP Malaysia (Sepang) 2001, das Sauber Rennteam mit den Fahrern Kimi Räikkönen und Nick Heidfeld

arbeit zu tragen hatte, weil Räikkönen noch zu unerfahren war, bestätigt das: „Wir machten in jedem Rennen Fortschritte und hatten für jedes Rennen ein verbessertes Auto, das ist zutiefst befriedigend." Der Mut, mit Räikkönen einen unerfahrenen 21-Jährigen direkt aus der Formel Renault verpflichtet zu haben, wurde belohnt. Mercedes kaufte Räikkönen ab – für 15 Millionen Dollar löste man den Finnen aus seinem noch bis 2003 gültigen Vertrag aus. Zu viele kritische Stimmen hatte es vor der Saison gegeben, weil er von der Motorsportgewalt FIA die Superlizenz bekommen hatte – eine Art Führerschein für Formel-1-Rennen. Der Finne hatte schließlich erst 23 Autorennen auf dem Buckel und stieg von einem 170 PS starken Formel-Renault in einen 850-PS-Formel 1 mit unmenschlich verzögernden Carbon-Fiber-Bremsen ein. Sauber wollte ihn aber unbedingt haben, die FIA testete ihn, und nur deren Chef Max Mosley verweigerte ihm bei der endgültigen Abstimmung als einziger von 24 Abgeordneten seine Stimme. „Wenn etwas passiert, wo Räikönnen beteiligt ist, wird man verlangen, dass ich mich rechtfertige", begründete er seine Zweifel. Es ist alles gut gegangen. Räikönnen wurde schon nach dem ersten Rennen als kommender Weltmeister gefeiert. Zwei Plätze hinter dem selbst noch blut-

GP Österreich (A1-Ring) 2001, der „Zigarren-Mann"

GP Brasilien 2001, Coulthard gratuliert Heidfeld

GP Malaysia (Sepang) 2001, Räikkönen

GP Deutschland (Hockenheim) 2001, Nick Heidfeld

jungen Heidfeld kam er als Sechster ins Ziel, nachdem er vorher frei und frech erklärt hatte: „Ein Platz unter den ersten Zehn muss es schon sein." Ein Wunder allerdings ist Räikkönens Leistung eher nicht. Jungs wie er oder Heidfeld lernen einfach verteufelt schnell, mit allem umzugehen, was vier Räder hat. Sie fahren schon über zehn Jahre Kart, und „Pressure" ist ein Fremdwort für sie. Und jung und sexy ist gut fürs Marketing. Junge Fahrer geben einem Team ein eigenes Profil und helfen, neue Sponsoren zu finden. Räikkönen hat es geschafft. Peter Sauber indes hält weiter an dieser Philosophie fest. Als Nachfolger von Räikkönen hat der Schweizer den erst 19-Jährigen Brasilianer Felipe Massa engagiert. Massa, der 2001 die Euro-3000-Serie gewann, überzeugte bei Testfahrten in Mugello. Die Basis für Sauber ist also weiterhin vorhanden. Besonders einen Triumph will Sauber auf keinen Fall aus der Hand geben: Stellvertretend für den Aufschwung kann der Technische Direktor Willy Rampf genannt werden. Rampf aber fühlt sich wohl in Hinwil in der Schweiz, sonst hätte er ein lukratives Angebot von Neueinsteiger Toyota angenommen, die den Ur-Münchner unbedingt verpflichten wollten. Aber Rampfs Antwort steht für den Erfolg bei Sauber: „Geld ist wichtig, aber nicht alles im Leben."

GP USA (Indianapolis) 2001, im Mittelpunkt Willy Rampf, der Technische Direktor

GP Spanien (Barcelona) 1993, Karl Wendlinger im Cockpit des Sauber C12 mit dem Illmor-Triebwerk, konstruiert von dem Schweizer Mario Illien

GP Monaco 1993, noch ziert kein Mercedes-Schriftzug den V10 3,5-Liter-Motor

GP San Marino (Imola) 1994, vierter Platz für Karl Wendlinger in dem Rennen, das vom Tode Sennas und Ratzenbergers übeschattet wurde

Mercedes

Der Griff nach den Sternen

Bevor Mercedes mit McLaren zu den Sternen greifen sollte, vertrauten die Schwaben zunächst auf Schweizer Präzisionsarbeit. Nachdem Mercedes bei den Sportwagen mit Partner Peter Sauber aus der Schweiz alles gewonnen hatte, war der Wechsel in die Formel 1 nur konsequent. 1993 unterstützte Mercedes das Sauber-Team noch als stiller Geldgeber, 1994 dann war es soweit: Mercedes trat offiziell als Motorenhersteller auf, was machte es da schon, dass man das Antriebsaggregat in England von dem Schweizer Mario Illien bauen ließ – schließlich war man ja mit 25 Prozent an seiner Firma Ilmor-Engineering beteiligt. Die erste Saison verlief zufriedenstellend: Heinz-Harald Frentzen stellte den Sauber-Mercedes in seinem ersten

GP Brasilien (São Paulo) 1994, Startplatz 5 für Frentzen beim offiziellen Mercedes-Einstieg

GP Belgien (Spa-Francorchamps) 1994, Heinz-Harald Frentzen in der zur Schikane umgebauten Eau-Rouge-Kurve

GP San Marino (Imola) 1995, das Bündnis mit dem Top-Team McLaren (hier mit Fahrer Häkkinen) soll schnelle Erfolge bringen

GP Monaco 1995, die Abdeckung soll vor neugierigen Blicken schützen

1995, Norbert Haug, Ron Dennis und Mario Illien

GP Kanada (Montreal) 1995, Mark Blundell im McLaren-Mercedes

GP Ungarn (Hungaroring) 1995, Mika Häkkinen startet von Position 5, fällt im Rennen durch Motorschaden aus

GP Monaco 1997, Mika Häkkinen

Formel-1-Rennen in Brasilien auf den fünften Startplatz – knapp vor seinem Teamkollegen Karl Wendlinger. Als 1994 der damalige Mercedes-Chef Helmut Werner die Partnerschaft von Mercedes mit McLaren mit den Worten „Join the Best" („Schließ dich den Besten an") begründete, war der Erfolg vorprogrammiert. Langfristig, so waren sich die Experten einig, würde diese „Elefantenhochzeit" Siege einfahren. Nach zwei schwie-

GP Jerez 1997, 1. Mercedes-Sieg durch Häkkinen

GP Monaco 1997

GP Spanien (Barcelona) 1997, Platz 7 für Häkkinen im McLaren-Mercedes

GP Nürburgring 1998, Häkkinen und Newey

GP Ungarn (Hungaroring) 1998, Überlegenheit durch Power und Aerodynamik

rigen Anfangsjahren war es 1997 dann soweit. David Coulthard gewann den Großen Preis von Australien. Es war nur der Anfang: Der Gewinn der Weltmeisterschaft 1998 und 1999 durch den Finnen Mika Häkkinen war die logische Konsequenz aus der Zusammenarbeit zweier Giganten, die natürlich auch Rückschläge zu verdauen hatten. 2000 und 2001 dominierte Ferrari das Geschehen: Michael Schumacher hatte ein mindestens

Hockenheim 1998: Pole Position für Mika Häkkinen

GP Japan 1998, Häkkinen und Coulthard

GP Japan (Suzuka) 1998, Michael Schumacher und Eddie Irvine gratulieren Mika Häkkinen zum WM-Titel

GP Frankreich (Magny-Cours) 1999, Adrian Newey auf dem McLaren-Kommandostand

GP Österreich (A1-Ring), Häkkinen und Coulthard in Führung

ebenbürtiges Auto zur Verfügung. Lenker Häkkinen und sein Denker, McLaren-Cheftechniker Adrian Newey, konnten da nicht viel entgegensetzen. Häkkinen, der besonders in Deutschland ob seiner gelungenen Werbefilme äußerst populär wurde, war Formel-1-müde und erklärte seinen vorläufigen Rücktritt. Nichtsdestotrotz will das Imperium zurückschlagen: Mit immensem Aufwand von Neweys Abteilung und seinem kongenialen

GP Spanien (Barcelona) 1999, David Coulthard im Warm-up: bremsen am Ende der Zielgeraden

GP England (Silversone) 1999, Coulthard siegt, nachdem der in Führung liegende Häkkinen ein Hinterrad verliert und aufgeben muss

GP Kanada 1999, Häkkinen im Siegestaumel

GP Spanien 1999, Mika bedankt sich auf angemessene Weise für seinen Sieg bei Adrian Newey

GP Japan (Suzuka) 1999, zweiter WM-Titel in Folge für McLaren-Mercedes durch Mika Häkkinen

GP Japan 1999, Irvine als fairer Verlierer

GP Ungarn (Hungaroring) 2000, Start-Ziel-Sieg für Mika Häkkinen, Dritter David Coulthard

Partner auf der Motorenseite, Mario Illien soll das restliche erste Jahrzehnt des neuen Jahrtausends wieder den „Silberpfeilen" gehören. Dafür braucht man neues Blut. Also stellte Daimler dem treuen David Coulthard den jungen Finnen Kimi Räikkönen zur Seite, der als Jahrhunderttalent gilt. Der Kampf um die Krone ist immer wieder prickelnd. Mercedes kämpft dabei an zwei Fronten: Neben Erzrivale Ferrari gesellte sich BMW als Titelanwärter dazu. Die Bayern sind der größte Rivale von Mercedes auf dem Automobilsektor. Jürgen Hubbert sieht die Konkurrenzsituation leistungsfördernd: „Wir befinden uns schon seit Jahrzehnten beim Kunden in diesem Wettbewerb. Wir beide zogen immer sowohl aus dem Bereich der Serienautos als auch aus der Formel 1 Vorteile. Denn die Konkurrenzsituation hat immer die Performance verbessert, und davon profitieren am Ende die Kunden."

GP Belgien (Spa-Francorchamps) 2000

GP Belgien (Spa-Francorchamps) 2001, David Coulthard

GP Brasilien 2001, Coulthards starker Saisonbeginn

GP Belgien 2001, warum ist Ferrari nur so gut?

GP USA 2001, Mika und Teammanager Jo Ramirez feiern gemeinsam Sieg und Abschied vom Team

GP Australien (Melbourne) 2000, BMW-Comeback

GP Australien 2000, Neuling Jenson Button

GP Australien 2000, Ralfs 3. Platz im ersten Rennen

GP Monaco 2000, vor lauter Eifer vergessen die Mechaniker, die Abdeckungen zu benutzen. Der Fotograf war wieder mal schneller

BMW

BMW schneller als erwartet

Alles, was BMW in der Formel 1 anfasst, scheint Erfolg zu haben. Schon in der Turbo-Ära gewannen die Münchner unter der Leitung von Paul Rosche 1983 einen WM-Titel mit Brabham und Nelson Piquet. Als man sich Ende 1986 wieder verabschiedete (Gerhard Berger gewann noch ein Rennen mit Benetton-BMW), hatte BMW erreicht, was es wollte: ein perfektes sportliches Image in der Öffentlichkeit.

Zwölf Jahre später schien dieses Image aber aufgebraucht: Also beschloss der Vorstand, den Wiedereinstieg im Jahre 2000, diesmal mit dem Williams-Team. Schon das erste Jahr verlief vielversprechend. Ralf Schumacher und Jenson Button sorgten dafür, dass BMW-Williams auf Anhieb den dritten Platz in der Konstrukteurswertung belegten. Das darauffolgende Jahr sollte noch erfolgreicher werden: BMW hatte unter Führung von Technikchef Dr. Mario Theissen und Motorsport-Direktor Gerhard Berger den mit Abstand stärksten Motor im Formel-1-Feld gebaut. Höhepunkt war der Sieg Ralf Schumachers auf der Motorenstrecke in Hockenheim beim Großen Preis von Deutschland. Es war schon der dritte Triumph des jüngeren der Schumacher-Brüder mit einem BMW-Motor. Und das ist noch nicht alles. Mit dem Kolumbianer Juan Pablo Montoya hat BMW nach Piquet schon wieder einen Diamanten aus Südamerika geschliffen. Über den Witz, der am Anfang der 2001er-Saison im Formel-1-Fahrerlager umging, kann Ralf Schumacher nicht mehr lachen: Montoya könne ihm nur in die Augen schauen, wenn er auf dem Podium über ihm steht, hieß es. Anfangs hatte der Deutsche

GP Australien (Melbourne) 2000, Jenson Button

GP Japan (Suzuka) 2000, Ralf Schumacher

GP San Marino (Imola) 2000, Motorschaden im Training

GP Malaysia (Sepang) 2001, Team-Präsentation

Dr. Mario Theissen und Gerhard Berger, das Erfolgsteam bei BMW

GP England (Silverstone) 2001

GP Monaco 2001, Juan Pablo Montoya

GP Monaco 2001, Montoya

und Ralf ...

... Ralf

und Montoya

GP Brasilien 2001, Montoya geht in Führung

GP Österreich 2001, Montoya führt 15 Runden lang

GP Kanada 2001: Ralf Schumachers 2. Saisonsieg

seinen kolumbianischen Kollegen noch im Griff, doch das Blatt hatte sich Mitte der Saison gewendet. Nicht erst Montoyas Sieg in Monza führte zur Bewunderung im eigenen Team, sondern die Art und Weise, wie er zwei Wochen zuvor beim Abschlusstraining in Spa den besten Startplatz herausfuhr, ließ sogar den alten Williams-Haudegen Patrick Head mit der Zunge schnalzen. Für Montoya selbst war die neue Stärke keine Überraschung. Er sei jetzt langsam auf dem Level, den er gewohnt sei, nur am Anfang der Saison habe vieles nicht zusammengepasst. „Ich musste erst lernen, was es heißt, Formel 1 zu fahren. Nämlich Daten mit den Ingenieuren auswerten, um eine optimale Fahrzeugabstimmung zu finden. Das habe ich zu Beginn ein wenig vernachlässigt." Montoya gilt als einer der zurückhaltendsten Fahrer in der Formel 1, aber auch als einer der talentiertesten. Besonders in den USA wurde das deutlich. Die Amerikaner haben nicht vergessen, dass er 2000 als Rookie die berühmten „500 Meilen" gewonnen hat. Montoya ist so selbstbewusst, dass er sich von niemandem beeindrucken lässt, natürlich auch nicht von Ralf Schumacher. Nicht nur Gerhard Berger ist begeistert: „Hat Juan Pablo nicht nur den Speed, sondern auch das Charisma eines Superstars?" Das ist die Frage.

GP Frankreich (Magny-Cours) 2001

GP Frankreich: Pole-Mann Ralf Schumacher

GP Europa (Nürburgring) 2001, Montoyas 2. Platz

GP Frankreich 2001: Ralfs Geburtstagsfeier

GP Deutschland 2001: Siegerehrung

GP Monaco 2001, Dr. Laurentz von BMW

GP Österreich 2001, Berger und Dr. Göschel (BMW)

GP Europa (Nürburgring) 2001, Patrick Head

GP Belgien (Spa-Francorchamps) 2001, Ralf Schumacher nach seinem zweiten Boxenstopp

1970, Erstes Formel-1-Rennen auf der neuen Rennstrecke

Zeltweg und Spielberg

Rennen zwischen idyllischen Hügeln

Champions von früher schwärmen, wenn sie sich an den alten Österreichring erinnern: „Eine Naturstrecke, schnell, rhythmisch, Sie trennte Knaben von Männern“, sagt Keke Rosberg, der Weltmeister von 1982. So manche Kuh kann sich noch an dramatische Rennen in der Steiermark erinnern, die sie von ihren saftig-grünen Wiesen oberhalb der Rennstrecke beobachtet hatte. Das Ganze fing 1957 an. Bis 1968 wurden noch kleinere Rennen auf dem nahe gelegenen Militärflugplatz von Zeltweg ausgetragen, dann baute man den Österreichring. 5,942 Kilometer Streckenlänge hatte er 1970, als der erste Große Preis von Österreich ausgetragen wurde. Jacky Ickx gewann damals auf Ferrari. Was dem damaligen Lokalmatadoren Jochen Rindt nicht gelang, schaffte Niki Lauda 1984: Bis heute ist er der einzige Österreicher, der sein Heimrennen gewann. Damals steuerte er den McLaren-TAG-Porsche zu einem überlegenen Sieg, der ein Meilenstein zum Gewinn seines dritten Titels bedeutete, da sein Teamgefährte und Konkurrent

1983, Turbopower auf dem Österreichring

1971, Publikumsnähe beim Start

1984, Startgerangel durch die Hella-Kurve

um die Weltmeisterschaft, Alain Prost, auf einer Ölspur ausrutschte und entscheidende Punkte verlor. Es war Prosts einziges Jahr zwischen 1983 und 1986, dass er hier auf dem Österreichring geschlagen wurde. Heftige Startkollisionen und politische Unstimmigkeiten mit den Bauern der Gemeinden Spielberg und Zeltweg führten dazu, dass 1987 der Große Preis von Österreich das letzte Mal auf dem alten Österreichring ausgetragen wurde. Erst ein Beschluss der Steiermärkischen Landesregierung zum Neubau der Rennstrecke brachte die Formel 1 zurück. Mit über 220 000 Besuchern feierte der alte Österreichring in neuem Kleid und mit neuem Namen ein grandioses Formel-1-Comeback. Die Strecke hieß jetzt nach einer Telefongesellschaft A1-Ring. Anfangs zweifelten die Fahrer an der angeblich zu langsamen Streckenführung, doch nach dem Sieg des Kanadiers Jacques Villeneuve beim Comeback-Rennen 1997 waren sie begeistert. Der A1-Ring entpuppte sich als eine der wenigen Strecken, auf der noch spektakuläre Überholmanöver möglich waren. Seitdem zählen die Rennen auf dem A1-Ring zu den spannendsten. Bis 2001 gelang es allerdings Michael Schumacher nicht, hier zu gewinnen. Der A1-Ring scheint ihm nicht wohlgesonnen zu sein, ist er doch der einzige Kurs im Rennkalender, auf dem ihm noch kein Sieg gelang.

1997, Anfahrt zur neu angelegten Castrol-Kurve

2001, Gegensätze

1997, A1-Ring, landschaftlich schön gelegen

1980, lange Gerade vor Motodrom-Einfahrt

1988, Boutsen im Benetton vor Start/Ziel-Haus

1988, Aufstellung zum Start

Hockenheim

Power to the people

Die Geschichte des Hockenheimringes reicht bis ins Jahr 1932 zurück: Damals wurde die Renn -und Teststrecke südlich von Heidelberg eröffnet. 1938 erfolgte der Umbau zum so genannten „Kurpfalzring“, einem reinen Ovalkurs. 1947, also zwei Jahre nach Kriegsende, erhielt der „Hockenheimring“ den Namen, den er auch noch heute trägt. 1957 gab es den ersten WM-Lauf für Motorräder, doch erst 1965 wurde der Kurs auch für Autorennen attraktiv. Der Grund war der Bau des berühmten Motodroms, der den Zuschauern eine einzigartige Atmosphäre bot, die sie sonst nur in Fußballstadien gewohnt waren. 1970 wurde der erste Große Preis von Deutschland ausgerichtet, mit Jochen Rindt als Sieger.

Nach Niki Laudas Unfall 1976 auf dem Nürburgring kehrte die Formel 1 aber erst 1977 wieder ins Badische zurück. Ausgerechnet Niki Lauda gewann das Rennen damals. Bis auf 1985 (der neue Nürburgring erhielt den Zuschlag) blieb der Große Preis von Deutschland in Hockenheim. Der Kurs galt bis 2001 als Strecke mit den längsten Geraden, was besonders die Kraft und Ausdauer der Motoren auf die Probe stellte. Das letzte Mal haben

1978, Andretti siegt vor Peterson beim Großen Preis von Deutschland

2001, zweiter Start, nachdem der erste durch Burtis Überschlag zum Rennabbruch führte

die Formel-1-Autos Geschwindigkeiten jenseits von 350 km/h erreicht – denn der Hockenheimring wird umgebaut und ab 2002 ca. zwei Kilometer kürzer und um einiges langsamer sein. Formel-1-Chef Bernie Ecclestone hatte einen Verbleib in Hockenheim von grundlegenden Umbauarbeiten abhängig gemacht. Der 6,823 km lange Kurs mit seinen typischen Geraden und dem geschlängelten Motodrom wird modernisiert und auf etwa 4,5 km verkürzt. „Die Rennsport-spezifischen Kosten belaufen sich auf etwa 90 Millionen Mark", sagte ein Ministeriums-Sprecher. Das Land Baden-Württemberg beteiligt sich daran mit etwa einem Drittel. Die Zeiten der langen Geraden sind damit vorbei, ebenso die Zeiten, da Hockenheim einer der größten Prüfstände für die Motorenbauer ist. „Er war in der Tat die größte Herausforderung für den Ingenieur", beschreibt BMW-Motorenchef Dr. Mario Theissen die Charakteristik des Hockenheimrings, „alleine auf der ersten langen Geraden fährt der Fahrer 16 Sekunden mit Vollgas, auf den anderen zwischen zehn und 15 Sekunden. Insgesamt werden die Motoren hier in einer Runde zu fast 70 Prozent unter Volllast betrieben, was spezielle Maßnahmen erfordert." Der traurigste Tag der Strecke: 1968 verunglückte hier Jim Clark tödlich.

2001, Montoya erkämpft die Pole

2001, Ausgang Nordkurve

1990, Start, im Vordergrund die Boxenausfahrt

1976, Großer Preis von Deutschland, zweiter Start nach Niki Laudas Feuerunfall

1971, Fahrerlager

Nürburgring

Von der „Grünen Hölle" zur Erlebniswelt

Wem ist das noch nicht passiert? Man hat es eilig, fährt ein wenig zu schnell, Reifen quietschen, ein Polizist hält einen an: „Glauben Sie, Sie sind hier am Nürburgring?" Ob in Bremen oder Bregenz, ob in Dresden oder Düsseldorf: Der Nürburgring wird als Synonym für Autorennen benutzt. Keine Strecke in Europa ist bekannter. Weltweit steht er in einer Reihe mit den Kursen von Monaco und Indianapolis, die ähnliches Charisma für Fahrer und Fans gleichermaßen besitzen. Das ist seit 1927 so, als er zur wirtschaftlichen Belebung der Eifel-Region rund um die Nürburg erbaut wurde. Die Gesamtlänge, einschließlich der südlichen Verlängerung betrug 28,29 km.

Bei späteren Rennen verzichtete man auf den südlichen Teil, und die Rennen wurden ausschließlich auf der 22,8 km langen Nordschleife gefahren. Seitdem bildet der Renntourismus rund um Adenau die wichtigste Einnahmequelle. Das letzte Formel-1-Rennen auf der Nordschleife, die von den Rennfahrern voller Respekt als „grüne Hölle" – wegen der zugleich landschaftlich schönen Lage und des häufigen Regens und Nebels –

1975, Streckenabschnitt Flugplatz

2001, Start zum Großen Preis von Europa

bezeichnet wurde, fand 1976 statt. Der Feuerunfall von Niki Lauda, dessen Bilder rund um den Globus gingen, setzte dem ein Ende. Man wich auf den badischen Hockenheimring aus. Doch mit dem Neubau des Grand-Prix-Kurses kehrte auch die Formel 1 in die Eifel zurück. Seit 1997 gibt es wieder regelmäßig „Große Preise“ in der Eifel. Der Herr des Ringes heute heißt Dr. Walter Kafitz. „Der Nürburgring ist Mythos“, sagt Kafitz, der bis 1993 keramische Fliesen verkauft hat und erst in dieser Zeit das erste Mal auf dem Nürburgring war, obwohl seine Heimatstadt Kaiserslautern nicht gerade eine Weltreise entfernt liegt. Der Mythos setzte sich zusammen aus der Tragik, wie dem Niki-Lauda-Feuerunfall 1976, der der legendären Nordschleife den endgültigen Todesstoß für Formel-1-Rennen versetzt hatte, bedeutenden Siegen und, so Kafitz, „der faszinierenden Mischung aus Natur und Hightech“, denn die Einbettung des Nürburgrings in die Natur sei einzigartig. Ein Beweis für die weltweite Berühmtheit des Nürburgrings sei die Tatsache, „dass bei der Scuderia Hanseat, einem Sportfahrerlehrgang, den es seit 1959 gibt, besonders viele Amerikaner, Kanadier und Australier teilnehmen, weil sie unbedingt mal auf der Nordschleife fahren wollen, von der sie schon so viel gehört haben.“

2001, Blick auf Shell-Kurve und Dunlop-Kehre

Statistik

Die Fahrer

Karl Kling
GP-Sport: 1954-1955
Auto: Mercedes-Benz
11 Starts, 0 Siege, 0 Poles,
17 Punkte, 0 WM-Titel.

Hans Herrmann
GP-Sport: 1953-1966
Autos: Mercedes-Benz, Maserati, Cooper, BRM, Porsche, Brabham F2
18 Starts, 0 Siege, 0 Poles,
10 Punkte, 0 WM-Titel.

Wolfgang Graf Berghe von Trips
GP-Sport: 1956-1961
Autos: Lancia-Ferrari, Ferrari, Porsche F2
27 Starts, 2 Siege, 1 Pole,
56 Punkte, 0 WM-Titel.

Gerhard Mitter
GP-Sport: 1963-1969
Autos: Porsche, Lotus, Brabham F2, BMW F2
5 Starts, 0 Siege, 0 Poles,
3 Punkte, 0 WM-Titel.

Hubert Hahne
GP-Sport: 1966-1970
Autos: Matra F2, Lola-BMW F2, BMW F2, March
3 Starts, 0 Siege, 0 Poles,
0 Punkte, 0 WM-Titel.

Jo Siffert
GP-Sport: 1962-1971
Autos: Lotus, Brabham, Cooper, March, BRM
96 Starts, 2 Siege, 2 Poles,
68 Punkte, 0 WM-Titel.

Jochen Rindt
GP-Sport: 1964-1970
Autos: Cooper, Brabham, Lotus
60 Starts, 6 Siege, 10 Poles,
109 Punkte, 1 WM-Titel.

Rolf Stommelen
GP-Sport: 1969-1978
Autos: Brabham, Surtees, Eifelland-March, Lola-Hill, Hesketh, Arrows
54 Starts, 0 Siege, 0 Poles,
14 Punkte, 0 WM-Titel.

Helmut Marko
GP-Sport: 1971-1972
Auto: BRM
9 Starts, 0 Siege, 0 Poles,
0 Punkte, 0 WM-Titel.

Niki Lauda
GP-Sport: 1971-1985
Autos: March, BRM, Ferrari, Brabham, McLaren
171 Starts, 25 Siege, 24 Poles,
420,5 Punkte, 3 WM-Titel.

Jochen Mass
GP-Sport: 1973-1982
Autos: Surtees, McLaren, ATS, Arrows, March
105 Starts, 1 Sieg, 0 Poles,
71 Punkte, 0 WM-Titel.

Hans-Joachim Stuck
GP-Sport: 1974-1979
Autos: March, Brabham, Shadow, ATS
74 Starts, 0 Siege, 0 Poles,
29 Punkte, 0 WM-Titel.

Harald Ertl
GP-Sport: 1975-1980
Autos: Hesketh, Ensign
19 Starts, 0 Siege, 0 Poles,
0 Punkte, 0 WM-Titel.

Hans Binder
GP-Sport: 1976-1978
Autos: Ensign, Williams, Surtees, ATS
13 Starts, 0 Siege, 0 Poles,
0 Punkte, 0 WM-Titel.

Marc Surer
GP-Sport: 1979-1986
Autos: Ensign, ATS, Theodore, Arrows, Brabham
82 Starts, 0 Siege, 0 Poles,
17 Punkte, 0 WM-Titel.

Manfred Winkelhock
GP-Sport: 1980-1985
Autos: ATS, Brabham, RAM
47 Starts, 0 Siege, 0 Poles,
2 Punkte, 0 WM-Titel.

Stefan Bellof
GP-Sport: 1984-1985
Auto: Tyrrell
20 Starts, 0 Siege, 0 Poles,
4 Punkte, 0 WM-Titel.

Gerhard Berger
GP-Sport: 1984-1997
Autos: ATS, Arrows, Benetton, Ferrari, McLaren
210 Starts, 10 Siege, 12 Poles,
385 Punkte, 0 WM-Titel.

Christian Danner
GP-Sport: 1985-1989
Autos: Zakspeed, Osella, Arrows, Rial
36 Starts, 0 Siege, 0 Poles,
4 Punkte, 0 WM-Titel.

Bernd Schneider
GP-Sport: 1988-1990,
Autos: Zakspeed, Arrows
9 Starts, 0 Siege, 0 Poles,
0 Punkte, 0 WM-Titel.

Joachim Winkelhock
GP-Sport: 1989
Auto: AGS
0 Starts, 0 Siege, 0 Poles,
0 Punkte, 0 WM-Titel.

Volker Weidler
GP-Sport: 1989
Auto: Rial
0 Starts, 0 Siege, 0 Poles,
0 Punkte, 0 WM-Titel.

Michael Bartels
GP-Sport: 1991
Auto: Lotus
0 Starts, 0 Siege, 0 Poles,
0 Punkte, 0 WM-Titel.

Michael Schumacher
GP-Sport: ab 1991
Autos: Jordan, Benetton, Ferrari
160 Starts, 53 Siege, 43 Poles,
801 Punkte, 4 WM-Titel.

Karl Wendlinger
GP-Sport: 1991-1995
Autos: Leyton House,
March, Sauber
41 Starts, 0 Siege, 0 Poles,
0 Punkte, 0 WM-Titel.

Roland Ratzenberger
GP-Sport: 1994
Auto: Simtek
1 Start, 0 Siege, 0 Poles,
0 Punkte, 0 WM-Titel.

Heinz-Harald Frentzen
GP-Sport: ab 1994
Autos: Sauber, Williams,
Jordan, Prost
129 Starts, 3 Siege, 2 Poles,
159 Punkte, 0 WM-Titel.

Ralf Schumacher
GP-Sport: ab 1997
Autos: Sauber, Williams,
Jordan, Williams
83 Starts, 3 Siege, 1 Pole,
135 Punkte, 0 WM-Titel.

Alexander Wurz
GP-Sport: 1997-2000
Auto: Benetton
52 Starts, 0 Siege, 0 Poles,
26 Punkte, 0 WM-Titel.

Nick Heidfeld
GP-Sport: ab 2000
Autos: Prost, Sauber
33 Starts, 0 Siege, 0 Poles,
12 Punkte, 0 WM-Titel.

Die Teams

Mercedes-Benz
GP-Sport: 1954-1955
Motor: Mercedes-Benz-R8
12 Starts, 9 Siege, 8 Poles,
113 Punkte, 2 WM-Titel.

Porsche
GP-Sport: 1958-1964
Motoren: Porsche-B4 und -B8
31 Starts, 1 Sieg, 1 Pole,
47 Punkte, 0 WM-Titel.

ATS
GP-Sport: 1977-1987
Motoren: Ford V8, BMW-Turbo R4
99 Starts, 0 Siege, 0 Poles,
9 Punkte, 0 WM-Titel.

Zakspeed
GP-Sport: 1985-1989
Motoren: Zakspeed R4, Yamaha V8
54 Starts, 0 Siege, 0 Poles,
2 Punkte, 0 WM-Titel.

Rial
GP-Sport: 1988-1989
Motor: Ford V8
20 Starts, 0 Siege, 0 Poles,
6 Punkte, 0 WM-Titel.

Sauber
GP-Sport: ab 1993
Motoren: Illmor V10,
Mercedes-Benz V10, Ford V8,
Petronas (Ferrari) V10
146 Starts, 0 Siege, 0 Poles,
111 Punkte, 0 WM-Titel.

Die Motoren

BMW-Turbo R4
GP-Sport: 1982-1987
Teams: Brabham, ATS,
Arrows, Benetton
107 Starts*, 9 Siege, 15 Poles,
243 Punkte*, 1 WM-Titel.

TAG-Porsche-Turbo V6
GP-Sport: 1983-1987
Team: McLaren
72 Starts, 25 Siege, 7 Poles,
405,5 Punkte, 3 WM-Titel.

Porsche V12
GP-Sport: 1991
Team: Footwork Arrows
4 Starts, 0 Siege, 0 Poles,
0 Punkte, 0 WM-Titel.

Mercedes-Benz V10
GP-Sport: ab 1994
Teams: Sauber, McLaren
131 Starts, 30 Siege, 33 Poles,
775 Punkte, 2 WM-Titel.

BMW V10
GP-Sport: ab 2000
Team: Williams
34 Starts, 4 Siege, 4 Poles,
116 Punkte, 0 WM-Titel.

* inklusive Einsätze der durch den Schweizer Heini Mader gewarteten Megatron-Motoren (vormals BMW-Turbo) beim Team Arrows in der Saison 1987 und 1988

Alle statistischen Daten
bis einschließlich Saison 2001

Personenregister

FIAT
FedEx